छूट गया पड़ाव

छूट गया पड़ाव

रमेश पोखरियाल 'निशंक'

वाणी प्रकाशन

वाणी प्रकाशन

4695, 21-ए, दरियागंज, नयी दिल्ली 110 002

शाखा

अशोक राजपथ, पटना 800 004

फ़ोन: +91 11 23273167 फ़ैक्स: +91 11 23275710

www.vaniprakashan.in
vaniprakashan@gmail.com
sales@vaniprakashan.com

CHHOOT GAYA PADAV
by Ramesh Pokhariyal 'Nishank'

ISBN : 978-93-5000-212-4
Novel

प्रथम संस्करण 2010
आवृत्ति 2016

मूल्य : ₹ 250

सिटी प्रेस, दिल्ली-110 095 में मुद्रित

वाणी प्रकाशन का लोगो मक़बूल फ़िदा हुसेन की कूची से

एक अनूठा उद्देश्यपूर्ण लघु उपन्यास

डॉ. रमेश पोखरियाल 'निशंक' उत्तराखण्ड के अग्रणी साहित्यकारों में से हैं। शिक्षा जगत् से जुड़ने के बाद उन्होंने समाजसेवा और इसके विस्तृत आकाश–सक्रिय राजनीति को अपना कर्मक्षेत्र चुना। सभी क्षेत्रों में अपनी उत्कृष्ट सेवाएँ देते हुए उन्होंने अत्यंत लोकप्रियता अर्जित की है। एक संवेदनशील राष्ट्रीय भावनाओं से ओतप्रोत कवि की एक विशिष्ट राज्य के सफल मुख्यमन्त्री पद तक स्वर्णिम यात्रा उनके व्यक्तित्व को समझने के लिए पर्याप्त है। जिन लोगों को 'मुझे विधाता बनना है'–शीर्षक काव्य संग्रह के इस रचनाकार के संकल्प को सुनने–जानने–समझने का सौभाग्य मिला है उनमें से मैं भी एक हूँ और उनकी इस गरिमामयी जीवन–यात्रा पर गर्व कर सकता हूँ।

कवि 'निशंक' ने कविता, कहानी और उपन्यास के क्षेत्र

में निरन्तर लेखन कार्य किया है। दो दर्जन से अधिक कृतियों के रचनाकार 'निशंक' की रचनाओं की लोकप्रियता का ही प्रमाण है कि उनके व्यक्तित्व कृतित्व पर न केवल कई शोधकर्म हुए हैं और हो रहे है, बल्कि देश-विदेश की अनेक भाषाओं में उनकी रचनाओं का सफल अनुवाद भी हुआ है। साथ ही उन्हें अनेक पुरस्कार एवं सम्मान प्राप्त हुए हैं।

पार्वत्य प्रदेश के छोटे से गाँव में जन्म लेकर, प्रकृति की सुकुमार गोद में पल-बढ़कर यहाँ के जन-जीवन की बारीकियों को आपने बहुत आत्मीय एवं सचेत भाव से देखा तथा जैसा कि एक संवेदनशील साहित्यशिल्पी कर सकता था, अपनी रचनाओं में, अत्यन्त प्रभावपूर्ण ढंग से उकेरा है। यही कारण है कि उनकी सभी रचनाएँ उत्तराखण्ड के जनजीवन, यहाँ के मनुष्य की पीड़ाओं, सुख-दुःख और संघर्षों का जीवन्त दस्तावेज हैं। उनमें निरन्तर क्षरित होते जा रहे जीवन-मूल्यों को बचाने की उत्कट इच्छा है।

इसी क्रम में हमारे सामने उनका नवीनतम उपन्यास 'छूट गया पड़ाव' है। यह एक लघु उपन्यास है, जो एक छोटे-से गाँव 'बिनगढ़' के जनजीवन और अशिक्षा से घिरे 'सम्पन्न' समाज की विसंगतियों को व्यापक फलक पर उठाता है। यह शिक्षा ही है, जो अँधेरे में घिरे जीवन को इसकी नायिका सरोज के माध्यम से नई रोशनी देती है। उपन्यासकार ने इस उपन्यास में सार्थक शिक्षा के उद्देश्य को रेखांकित करते हुए एक स्थान पर सरोज के माध्यम से कहा है–"गुरु का धर्म सिर्फ शिक्षा ही नहीं, संस्कार और समाज को सम्बल देना भी है। गुरु सामाजिक ही नहीं है, तो हुआ करे विद्वान। उसकी विद्वत्ता किस काम आएगी।" और "जितना पढ़ना-लिखना जरूरी है उतना ही उसे गुनना भी। जितनी ऊपरवाले से हमारी अपेक्षाएँ रहती हैं, उतनी

ही हमें अपने से भी रखनी चाहिए। आखिर करना-धरना तो सब अपने ही हाथ में है। भगवान ने बहुत बड़ी ताकत दे रखी है आदमी को।''

एक तरह से यही दृष्टिकोण इस उपन्यास का मेरुदण्ड है। रचनाकार का दृष्टिकोण (Point of view) किसी भी आख्यान का प्रमुख तत्त्व माना जा सकता है। निश्चय ही शिक्षा और सामाजिक परिवर्तन में युवाओं–विशेष रूप से शिक्षित नारी की भूमिका को लेकर 'निशंक' ने जो दृष्टिकोण सामने रखा है, वह इस लघु उपन्यास का प्रमुख तत्त्व है। यह उनकी जीवन-दृष्टि का परिचायक है। वे रेखांकित करते हैं, ''संवेदनाएँ खत्म हो गई हैं। इसलिए सहकार और सरोकार भी खत्म हो रहे हैं। दुनिया बस घर तक और अपने बच्चों तक सिमटकर रह गई है।'' वे इस स्थिति को बदलना चाहते हैं और समाज के केन्द्र में संवेदना, सहकार और सरोकार को स्थापित करना चाहते हैं।

सामाजिक परिवेश से बुना गया सुगठित कथानक

किसी भी उपन्यास का सम्बंन्ध सामाजिक जीवन के चित्रण से होता है। इसमें प्राय: अपने समय से सामाजिक जीवन का विस्तृत अंकन किया जाता है। यह अंकन ऐसे पात्रों के माध्यम से होता है, जो एक खास परिवेश में जीवन यापन करते हैं। यूँ तो, सामाजिक जीवन के विस्तृत चित्रण में लेखक कल्पना का सहारा भी लेता है, किन्तु उसमें प्रधानता यथार्थ की ही होती है। कहना न होगा कि डॉ. 'निशंक' का यह उपन्यास सामाजिक जीवन के यथार्थ को बहुत ही उद्देश्यपूर्ण ढंग से निरूपित करता है।

'छूट गया पड़ाव' का कथानक संक्षिप्त ही है, जो गढ़वाल के एक नन्हे से गाँव 'बिनगढ़' से शुरू होता है। 'बिनगढ़' अर्थात् लेखक के अनुसार, ''देवभूमि में कठोर तपस्यारत

साधकों सा दुरूह जीवन जी रहे गाँवों में अपवाद है यह गाँव। न राशन-पानी का रोना और न लकड़ी चारे का। खेती-बाड़ी ही इतनी कि नौकरी-चाकरी की चिन्ता नहीं। जमीन जैसे सोना उगलती हो। पथरीले पहाड़ में भी ऐसी उर्वर धरती। धन-धान्य से आपूरित कुदरती नेमतों से भरपूर ये कोई मन का गढ़ा-वढ़ा नहीं। बिल्कुल सत्य है। बिना गढ़ा। शायद इसी बिन गढ़े से ही इसका नाम पड़ गया बिनगढ़।''

सब कुछ होते हुए भी कुछ सचेत गाँव वालों को यही चिन्ता सताती रहती है कि यहाँ शिक्षा की व्यवस्था नहीं है। स्कूल है, किन्तु अध्यापक नहीं। जो अध्यापक आता है, वह टिकता नहीं। स्थानान्तरण कराके चला जाता है। ऐसे सचेत गाँववालों में से एक हैं आनन्द सिंह, जो बहुत प्रयास करके एक अध्यापिका सरोज का स्थानान्तरण कराके लाते हैं। यह अध्यापिका ही उपन्यास की नायिका बन जाती है और इस गाँव की काया पलटने के क्रम में पूरे पर्वतीय समाज में परिवर्तन की प्रतीक बनकर उभरती है। यह परिवर्तन शिक्षा और समाज सेवा के माध्यम से तथा एक शिक्षित नारी के सामाजिक समर्पण के द्वारा होता है।

आनन्द सिंह दम्पति की जन्म से गूँगी और कुरूप एक लड़की है रानी। सब लोग उससे हमदर्दी रखते हैं, किन्तु ईश्वरीय विधान मानकर स्वयं को असहाय अनुभव करते हैं। सरोज उस बच्ची के मनोविज्ञान को गहराई तक समझती और अनुभव करती है। वह उसकी जीवन स्थिति को उसी तरह बदलना चाहती है, जिस तरह गाँव और गाँव के समाज की कुरूपताओं को। अर्थात् प्रकारान्तर से यह कुरूप बच्ची एक प्रतीक बन जाती है। यथास्थितिवादी और रूढ़िवादी गाँव की, जिसे बदलने के लिए वैज्ञानिक दृष्टि तथा समर्पण की आवश्यकता है।

उपन्यास इसी कथा-सूत्र को पकड़ कर आगे बढ़ता है।

पाठक के मन में आशा-निराशा के भाव ठीक उसी प्रकार आते-जाते रहते हैं, जिस प्रकार सरोज और उस बच्ची के माता-पिता के मन में अनेकानेक छायाओं की तरह आते-जाते हैं।

बीच-बीच में ग्रामीण समाज के मानवोचित व्यवहार, ओछे विचार, टीका-टिप्पणियाँ और संकुचित मानसिकता आदि का लेखक ने सहज समावेश किया है। यहाँ यह जोड़ा जाना जरूरी है कि यह केवल एक गाँव का परिवेश नहीं है। पूरे देश और समाज का परिवेश है। यथास्थिति और भाग्यवाद जड़ता और अंधविश्वास, कुरीतियाँ रह-रहकर इस समाज के प्रति किसी भी सचेत सहृदय पाठक की संवेदना जगाने के लिए पर्याप्त हैं।

इसी परिवेश पर विजय पाने को दृढ़ संकल्पित है सरोज। उसके संकल्प को बल मिलता है गाँव के आनन्द सिंह और उसके परिवार से, उसकी अपनी सास और पति से, जो शुरू में उसके संकल्प को सहज मानवीय वृत्ति के चलते गम्भीरता से नहीं लेते। सरोज के व्यक्तित्व को नया आयाम मिलता है देहरादून में एक स्वयंसेवी संस्था 'नवजीवन' चलाने वाले रामप्रकाश जी से। वे उस कुरूप कन्या के ऑपरेशन के लिए आर्थिक सहयोग करते हैं और चण्डीगढ़ में इलाज कराने के लिए समुचित व्यवस्था कराते हैं।

यहाँ हमें पिछले दिनों की ऑस्कर विजेता डॉक्यूमेंट्री फिल्म 'स्माइल पिंकी' की याद हो आती है। किन्तु यह कृति उस फिल्म से सर्वथा भिन्न है।

चण्डीगढ़ पीजीआई में उस बच्ची का ऑपरेशन होता है, किन्तु डॉक्टरों के सभी प्रयास और सरोज तथा बच्ची के पिता आनन्द सिंह की अनथक कोशिशों-प्रार्थनाओं के बावजूद वह बच नहीं पाती। बच्ची रानी का यह करुणांत उपन्यास को यथार्थ के कठोर धरातल पर लाकर पटक भर नहीं देता, बल्कि

एक नए संकल्प के साथ आदर्श की ओर ले जाता है—देहरादून की 'नवजीवन' संस्था के संस्थापक सरोज को खोजते हुए उसके द्वार तक आ पहुँचते हैं और उसके सामने प्रस्ताव रखते हैं 'नवजीवन' संस्था से जुड़ने का। आनन्द सिंह के माधयम से यह आदर्शवादी प्रस्ताव रखवाया गया है और जिसे गाढ़ा करता है चण्डीगढ़ से आया डॉ. दुग्गल का फोन, जिसमें रानी की आवाज का टेप उसे सुनाया जाता है।

अविश्वसनीय और नाटकीय यह अंत लेखक ने जानबूझकर रखा है। बीच में कहा हुआ यह कथन अंत तक सार्थक सिद्ध होता है—"रानी भी जरूर हमें झकझोरने आई है, हमें रोशनी दिखाने के लिए। तभी तो दिए की बाती की तरह जल रही है, यह अंधकार औरों का जीवन दूभर न कर दे।"

उपन्यास का यह अंत लेखकीय जीवन-दर्शन को प्रदीप्त करता है। एक सोद्देश्य रचना के लिए ऐसा करना आवश्यक था।

उपन्यास का एक संक्षिप्त-सा कथानक कथा रचना की इस त्रिभुजीय संरचना को अपनाकर उसका भलीभाँति निर्वहन करता है, जिसकी कल्पना पाश्चात्य समीक्षक फ्रम ने की है—

सरोज के सोद्देश्य जीवन को चरम सीमा तक पहुँचते-पहुँचते अचानक झटका लगता है। उद्देश्य की प्रत्याशा के क्रम में नियताप्ति!

उपन्यास का कथानक भले ही संक्षिप्त-सा लगे, किन्तु उसका उद्देश्य-फलक अत्यंत व्यापक है। इसे "Larger than Life" कह सकते हैं। कहना न होगा कि, यह उपन्यास वास्तव में मानव नियति का सजीव आलेखन है। डॉ. 'निशंक' उपन्यास के दो-तीन प्रसंगों के आलेखन के द्वारा ही मानव-समाज की समकालीन समस्याओं की ओर संकेत करते हैं और यथार्थ की कठोर जमीन पर खड़े रहकर एक चिन्तक की मुद्रा में

उन जीवन-प्रसंगों के द्वारा पर्वतीय जीवन की विषमता तथा मानव-नियति का चित्रण करते हैं। जब रानी की निराश माँ यह कहती हैं–"कुछ नहीं होगा करने से। "मैंने क्या-क्या नहीं कर लिया। पूजा-पाठ, व्रत संकल्प सब कुछ। जो नसीब में है वह भोगना ही पड़ेगा। पूर्व जन्म के कर्मों का प्रायश्चित करना ही होगा। मुझे अब कुछ नहीं करना। अपनी बेटी की इसी सूरत से दिल बहला लूँगी।" यह भाग्यवादी सोच और रूढ़िग्रस्त समाज का टूटा हुआ स्वर है, जिस पर सरोज यह कहते हुए कठोर प्रहार करती है कि–"अरे भाग्य के भरोसे ही पड़े रहोगे, तो मर जाओगे। हाथ-पाँव ही नहीं हिलाओगे, तो किस्मत क्या खुद निवाला मुँह में ठूँस जाएगी? ठीक है, पूजा-पाठ, देवी-देवताओं का स्मरण और पूर्वजन्म के कर्म आदि भी हमारे जीवन का हिस्सा हैं, लेकिन इन्हीं के भरोसे सब कुछ छोड़ देना महा बेवकूफी है। भई करनी तो हमें ही पड़ेगी।"

सरोज के माध्यम से यह लेखक की प्रगतिशील दृष्टि है। भारतीय समाज और संस्कृति का सम्मान करते हुए भी वैज्ञानिक सोच को उन्होंने पर्याप्त महत्त्व दिया है। साहित्यकारों और वैज्ञानिकों के पास ईश्वरीय वरदान होता है। इस वरदान का उपयोग यदि मानव समाज की बेहतरी के लिए किया जाए, तो वर्तमान की अनेक समस्याओं का समाधान संभव है। इसके लिए निजी स्वार्थ से ऊपर, उठकर, शिक्षा को संस्कार से जोड़ते हुए सामाजिक परिवर्तन की ओर मोढ़ना मुड़ना होगा। यह है 'छूट गया पड़ाव' के सहृदय पाठकों के लिए निशंक जी का आह्वान।

केन्द्रीय चरित्र

'छूट गया पड़ाव' का केन्द्रीय चरित्र सरोज है। कथा नायिक सरोज लेखक की आत्मा से सृजित सर्वाधिक आत्मीय कृति है। कोई

उपन्यास घटना प्रधान भले ही क्यों न हो, उसमें एक केन्द्रीय चरित्र अवश्य होता है। उपन्यास का घटना चक्र उसके इर्द-गिर्द ही घूमता है। दूसरे शब्दों में हम यह भी कह सकते हैं कि कोई भी उपन्यास किसी एक केन्द्रीय चरित्र के सुख-दु:ख, सफलता-असफलता, संघर्ष-उपलब्धि की गाथा हुआ करता है। अन्य चरित्र इसी केन्द्रीय चरित्र को अपने व्यवहार, संवाद और टिप्पणियों से प्रदीप्त करते हैं। इस उपन्यास में यही स्थिति सरोज की है।

सरोज के विषय में लेखकीय टिप्पणी है-"शिक्षा संस्कारों का पावन संगम थी सरोज। जितनी प्रबुद्ध उतनी ही विनीत। प्रखर भी और परिपक्व भी। एक सच्ची गुरु। संत कबीर के बिल्कुल कुम्हार-सी। जो घड़ा गढ़ने को अन्दर तो हाथ का सहारा दे, और बाहर से चोट मारे। सुन्दर घड़े को आकार देने की जुगलबंदी बच्चों तक ही नहीं उनके माँ-बाप पर भी वह लागू करती।"

और उसके परिवारीजनों की दृष्टि में-"पति जानता था सरोज काफी समझदार है। पढ़ी-लिखी है और उससे कहीं ज्यादा परिपक्व भी। एक बार वह गच्चा खा सकता है, पर वह नहीं।" आखिर हो तो औरत ही, कोई मर्द तो नहीं।" लेकिन आज एक मर्द, और ऊपर से पति का वह दर्प, पत्नी की सोच, सद्इच्छा और संकल्प के आगे बिलाकर रह गया।"

एक स्थल पर लेखक कहता है-"सरोज की यही हाजिर जवाबी और गूढ़ दर्शन का पति भी कायल था, और वह यह जानता भी था कि सरोज गलत नहीं है।"

सरोज समाज का, समाज के ऐसे लोगों का मनोविज्ञान अच्छी तरह समझती थी, जो एक स्त्री के प्रति उपेक्षा और परिहास का भाव रखते हैं। किन्तु वह इन सबको चुनौती के रूप

में लेकर आगे बढ़ती है। चरित्र चित्रण में लेखक ने मनोविज्ञान का आश्रय ग्रहण किया है। बाल मनोविज्ञान की दृष्टि से रानी का चरित्र बहुत ही स्वाभाविक ढंग से उभारा गया है।

और तो और सरोज की सास का चरित्र भी कायांतरित हो जाता है–''कैसी खूसट थी वह। बात-बात पर ताने और गुस्सा तो जैसे नाक पर धरा रहता। जली-कटी ऐसी सुनाती कि मुर्दा भी भन्नाकर खड़ा हो जाए। बस घर परिवार ही उसका संसार था। बाकी दुनिया मरे-खपे उसे कोई लेना-देना नहीं। क्यों किसी के पचड़े में पड़ो। अपना देखो, घर बच्चे देखो। यह उसका आदर्श वाक्य था। पर यहाँ क्या आई वह बिल्कुल ही बदल गई।''

संघर्षों और अंतर्द्वन्द्वों के बीच से ही सरोज का व्यक्तित्व उभरता और निखरता है। कहना न होगा कि समाज और व्यक्ति के व्यवहार को विश्वसनीय बनाने के लिए 'निशंक' जी उसके अनुकूल वातावरण रचने में सिद्धहस्त हैं। वातावरण निर्माण और वर्णन-कला की विविधा छटाएँ, पात्रों का मनोजगत् और जीवन-दर्शन के एक-एक रेशे को निखारने में वे निपुण हैं। वे जुनूनी सरोज के सोद्देश्य जीवन को बहुत प्रेरक ढंग से सामने रखते हैं।

सरोज के चरित्र की बड़ी विशेषता यह भी है कि उसका चरित्र कई पात्रों के लिए प्रेरणा बन जाता है और उन्हें बदल डालता है। और तो और उसकी अपनी सास की तरह, उसके स्वयं के पति का रूपांतरण हो जाता है। यही होता है एक आदर्श चरित्र का समाज को प्रदेय। और यही किसी लेखक का भी प्रदेय माना जा सकता है।

अनूठी भाषा-संरचना

'छूट गया पड़ाव' की भाषा सहज-सरल है। उसमें वक्रता और कठिन प्रतीकात्मकता नहीं है। अमूर्त को मूर्त बनाने की किसी भी अवस्था में कथन आवश्यक होता है। कथा आख्यान संकेतों की व्यवस्थित बनावट में भी निहित रहता है। उपन्यास में इन चिह्नों या संकेतों की जगह शब्द-समूह होते हैं। यही कथा भाषा है। रचनाकार कथा को भाषा के रूप में संक्रमित करता है। हर लेखक अपनी निजता के साथ यह काम करता है। यही उसकी शैली भी कहलाती है। बार्थ का मत है कि उपन्यास के वर्णन में भाषा माध्यम का कार्य मात्र नहीं करती। आख्यान विषय का प्रस्तुतिकरण ही नहीं, वह एक दृश्य का आविष्कार भी है। अर्थात् भाषा का प्रयोग जीवित-दृश्य की भाँति होना चाहिए। हम यह बात विश्वासपूर्वक कह सकते हैं कि डॉ. 'निशंक' ने इस लघु उपन्यास में भाषा का प्रयोग सर्वत्र जीवित दृश्य की भाँति किया है। वे शब्दों के माध्यम से जीवंत चित्र प्रस्तुत करने में अत्यन्त सफल हुए हैं। कथा-प्रवाह में बहते हुए कोई भी पाठक इन 'दृश्यों को 'देखता' चलता है और लेखकीय निहितार्थों को भी अपने भीतर 'उतारता' चलता है। यही इस उपन्यास की सफलता का रहस्य भी है।

जीवन के अनुभूत स्तर–जिसमें वह किस प्रकार दिखाया जाता है तथा उसके भाव स्तर-जिसमें वह जीवन कैसा होना चाहिए–इन दोनों का समन्वित जीवन्त चित्रण इस उपन्यास में सफलतापूर्वक हुआ है। देशकाल, वातावरण, घटनाएँ, कथापात्र तथा उनके यथार्थ अनुभवों को समंजित करके लेखक ने अपनी जीवन-दृष्टि का समावेश करते हुए यह सोद्देश्य रचना की है। यही इसकी सच्ची सर्जनशीलता है। यह सर्जनशीलता कथा-सूत्रों के बाहरी स्वरूप के साथ-साथ पावन अलकनन्दा

के साफ-स्वच्छ जल के भीतर बहते दृश्य बिम्बों की तरह आंतरिक (Deep) स्वरूप में देखी जा सकती है।

दुरूहता से बचकर जन सामान्य की-सी परिचित शब्दावली, लिखित भाषा-संपदा में प्रायः न आने वाले शब्द-समूह, बहुत कम संस्कृतनिष्ठ शब्द, ललित वाक्य संरचना, आडम्बर-रहित, अकृत्रिम रचना-स्वच्छता-पर्वतीय जनजीवन के प्रतिनिधि कथाशिल्पी डॉ. रमेश पोखरियाल 'निशंक' की भाषा-शैली की सर्वथा उल्लेखनीय विशेषताएँ हैं। यही विशेषताएँ उन्हें अन्य साहित्यकारों से पृथक् करती हैं। इसीलिए इस कृति का आस्वादन प्रत्येक सहृदय पाठक के लिए एक नया और सुखद अनुभव बन जाता है।

नारी विमर्श को एक नया और यथार्थपरक धरातल देते हुए डॉ. 'निशंक' सफलतापूर्वक सरोज के व्यक्तित्व को उभारकर सर्वश्रेष्ठ ईश्वरीय कृति के रूप में मानव मात्र की प्रतिष्ठा को रेखांकित करते हैं। समाज के लिए एक साधारण-सी लगने वाली शिक्षिका के व्यक्तित्व का एक आदर्श शिक्षिका और समाजसेवी के रूप में रूपांतरण उसके चरित्र को वरेण्य विस्तार देता है। उसकी संवेदनशीलता, सहयोग, समर्पण और सहकार की भावना उसका वास्तविक सौन्दर्य बन जाती है।

और अंत में यह कि चित्रात्मकता, भावोत्पादकता, काव्यात्मकता और मूर्तता का इस उपन्यास की कथा-भाषा में सुन्दर सामंजस्य घटित हुआ है। लेखक की सूक्ष्म निरीक्षण शक्ति, शाब्दिक कल्पना-शीलता, परिवेश और मानव-मन की जटिलता के अंकन की उनकी खूबी पाठक को खूब आकर्षित करते हैं।

यह उपन्यास पाठक को शुरू से अंत तक अपने में बाँधे रहता है। इसका कारण उनके लेखन में सहजता है, संवादों या

कथोपकथनों की भरमार नहीं है, और न नाटकीयता। इसलिए कहें तो यह भी कह सकते हैं कि यह उपन्यास डॉ. रमेश पोखरियाल 'निशंक' के स्वयं के सरल-सहज, समर्पित और मानव-मूल्यों से आपूरित व्यक्तित्व का आईना भी है।

मुझे विश्वास है कि साहित्य जगत् में डॉ. रमेश पोखरियाल 'निशंक' की अन्य रचनाओं की तरह इस उपन्यास का भी स्वागत होगा।

भवतु सब्ब मंगलम्।

प्रो. हरिमोहन
निदेशक,
क.मु.हिन्दी अध्ययन एवं भाषा विज्ञान विद्यापीठ
डॉ. भीमराव अम्बेडकर विश्वविद्यालय, आगरा

अपनी बात

साहित्य साधना मेरे लिए वैसी ही अपरिहार्य है जैसे शरीर के लिए श्वास-प्रश्वास। मेरी दैनंदिनी ऊर्जा का यह अजस्र स्रोत है। हर सृजन मुझमें नई ताजगी भरता है और आगे बढ़ निकलने का हौसला देता है। यह सिलसिला पिछले तीन दशकों से अनवरत चला आ रहा है। जो देखा, महसूस किया और भोगा, वह मनोभावों में उमड़ कर सीधी, सरल और बोलचाल की भाषा में ढलता चला गया।

–सहकार, सरोकार व परोपकार की भावना लिए पावन भागीरथी की अविरल जलधारा की तरह। इसे माँ गंगा की तरह गंभीर और व्यापक आयाम दिया, मैया भगवती स्वरूपा–'मेरी जननी' और 'जन्मभूमि' ने।

—माँ की असीम वेदना व प्रेरणा ने बालमन रूपी बीज में अंधकार की बेड़ियाँ तोड़कर उजाले में निकल आने की अकुलाहट भरी, तो स्वर्ग तुल्य जन्म भूमि की सौन्दर्यता व आध्यात्मिकता भरी उर्वरता ने इसे पल्लवित-पुष्पित करने में अवर्णीय योगदान दिया। ये दोनों मेरा संबल हैं और मुझे हमेशा अनुप्राणित और प्रेरित करते रहे हैं।

ये ही हैं जो मुझे संवेदनाओं की अतल गहराइयों में ले जा कर मोतियाँ बिनवाती हैं। इन्हीं के बूते मैंने देवभूमि के पौराणिक, सामाजिक व धार्मिक परिवेश के साथ-साथ यहाँ की परम्पराओं, किंवदंतियों, लोक गाथाओं को गाहे-बगाहे जीवंत दस्तावेजों के रूप में सामने रखने की कोशिश की है। साथ ही इस कटु सत्य को उद्घाटित करने का भी सतत प्रयास किया है कि इस देवभूमि के संसर्ग में जहाँ हमें अपूर्व आनंद व अध्यात्म का सौभाग्य मिला है, वहीं जीवन यापन के लिए विकट संघर्ष भी भाग्य में बँधा है। हम विज्ञान और तकनीकी क्षेत्र की उन्नति की ओर उन्मुख हुए हैं, तो अपनी परम्पराओं, अपने मूल्यों और अपनी आस्थाओं से गहरे जुड़े भी हैं। क्षरित होते जा रहे जीवन मूल्यों से जूझ रहे हैं, तो सहकार, सरोकार, प्रेम, परोपकार और मानवीय मूल्यों पर डटे हुए भी हैं।

'छूट गया पड़ाव' इन्हीं सारी विविधताओं व विशिष्टताओं को समेटे एक पहाड़ी गाँव का सच्चा जीवंत वृत्तांत है। इसके माध्यम से जहाँ पर्वतीय गाँवों की झलक से लेकर मानवीय मूल्यों, सामाजिक विसंगतियों व मानवोचित कमजोरियों को सामने लाने का प्रयास किया गया है, वहीं ग्राम्य जीवन के मूलाधार—'मुखिया' व 'गुरु' के गुरुत्तर दायित्वों को दर्शाने की कोशिश

भी की गई है। यही नहीं यह उपन्यास बिनगढ़ के जरिए जहाँ शिक्षा के महत्व को आँकने का प्रयास है, वहीं समूचे पहाड़ की शिक्षा व्यवस्था का खाका खींचने की कोशिश भी है।

मुझे पूरा भरोसा है, सुधी पाठक–और रचनाओं की तरह ही इसे भी खूब सराहेंगे।

–रमेश पोखरियाल 'निशंक'

एक

बाँज-बुरांश के घने दिलकश जंगलों के बीच बसा बड़ा ही मनोरम गाँव है, बिनगढ़। करीब सौ परिवारों वाला सम्पन्न और धन-धान्य से परिपूर्ण। पहाड़ का शायद ऐसा पहला गाँव, जो पूरी तरह आत्मनिर्भर है। देवभूमि में साधनारत साधकों सा दुरूह जीवन जी रहे गाँवों में अपवाद।

न यहाँ खाने-पीने की चिंता, न लकड़ी-चारे की। खेती-बाड़ी ही इतनी कि नौकरी-चाकरी की जरूरत ही नहीं। जमीन जैसे सोना उगलती हो। पथरीले पहाड़ में भी ऐसी उर्वर भूमि, यकीन ही नहीं होता।

पूरे साल हरियाली। पैदावार इतनी कि लोग खा-पीकर अपनी अन्य जरूरतें अनाज बेचकर ही पूरी कर लेते। बाकी आने-जाने वालों में जो बँटते रहता सो अलग। गेहूँ, चावल, दाल

से हमेशा भण्डार भरे रहते। जैसा अनाज, वैसी ही फल-सब्जी। असूज-कार्तिक में तो कद्दू, ककड़ी, लौकी, तोरई, बैंगन व अन्य साग-भाजियों की भरमार। भुट्टे अलग। बच्चे तो खा-खाकर अघा जाते।

यही हाल फल-फूलों का। मालटा, संतरे, अखरोट, दाड़िम, अनार से पेड़ ऐसे लकदक कि बटोरना भी मुश्किल। सीजन में काफल, हिंसर, किनगोड़े और न जाने क्या-क्या...। लगता जैसे कुदरत ने मेहरबान होकर बाकी सारे गाँवों की कसर यहीं पूरी कर दी हो।

चारों ओर हरा-भरा जंगल, इसलिए लकड़ी-चारे की कोई कमी नहीं। हर घर में दो-चार भैंसें। एक दूध देना बंद कर दे, दूसरी खूंटे पर लाने में देर नहीं। ऊपर से गाय, बैल बकरियाँ अलग। दूध, घी, छांछ इतना कि घर आए मेहमान भी तर हो जाते। इलाके भर में एक कहावत ही हो गई कि दूध दही, घी से तो बिनगढ़ वाले बिल्कुल नहला देते हैं।

ऐसा अद्भुत है बिनगढ़। आँखों देखे बगैर तो किसी को यकीन ही न हो। इसलिए जो भी सुनता उसे यह मनगढ़ंत लगता। किसी कवि, लेखक की कपोल कल्पना सा। उन्हें समझाना पड़ता, यह कोई मन का गढ़ा-वढ़ा नहीं, बिल्कुल सच है। बिन गढ़ा। शायद इसी बिन गढ़े से ही इसका नाम पड़ गया हो बिनगढ़।

पर इस सारी सम्पन्नता के बावजूद एक गहरा नैराश्य भाव उन्हें अन्दर से कचोटता रहता। राख तले अंगारों की तरह उनके भीतर दबी बेचैनी की आग उन्हें झुलसाती रहती। आज क्या नहीं है उनके पास। खेत-खलिहान हैं। मवेशी-मकान से लेकर धन-धान्य सभी तो है। ऊपर वाले की कृपा से इलाके भर में नाम है, शोहरत है, दबदबा है। पर अशिक्षा का स्मरण होते ही अगले पल उनका सारा गुमान बिला जाता। लगता है

शिक्षित नहीं हैं, तो यह सब मिट्टी है।

पढ़े-लिखे होंगे, तो अच्छे-भले लोगों के बीच उठेंगे-बैठेंगे। रिश्ते-नाते बनेंगे। दुनिया को जानेंगे-समझेंगे। वरना यूँ ही कुएँ के मेढक बने रहेंगे। आज अफसर-बाबू भी हमें इसीलिए चकरघिन्नी बनाए रहते हैं कि हम पढ़े लिखे नहीं हैं। फिर उठना-बैठना, शिष्टाचार भी तो शिक्षा से ही आते हैं। इसलिए हम नहीं, तो कम से कम बच्चों की जिंदगी तो सँवरे। उनकी अब दिन-रात एक ही रट थी, स्कूल खोलना।

स्कूल तो था ही गाँव में। पर उसका होना न होना बराबर। इधर कई महीनों से तो बिल्कुल बंद ही पड़ा था। यदा-कदा खुलता भी तो शिक्षक आते बाद में भागने की फिक्र पहले रहती। पर इतना जरूर था कि कम से कम स्कूल के किवाड़ खुल रहे थे। पर इस बार हद ही हो गई। जो एक-दो शिक्षक थे, उन्होंने तबादला करवा दिया। नया कोई आने को राजी ही नहीं। कुछ दिन बच्चों ने ही स्कूल खोला। फिर धीरे-धीरे उनका भी आना बंद हो गया।

इस स्थिति के लिए जितने शिक्षक दोषी थे, उतने ही गाँव वाले भी। समय रहते पहल हो जाती, तो शायद यह नौबत न आती।

लेकिन अब गाँव वाले हकीकत समझने लगे थे। जिस शिद्दत से अब तक वे खेती-बाड़ी में जुटे रहते, उसी शिद्दत से उन्होंने अब बच्चों की पढ़ाई-लिखाई के लिए सोचना भी शुरू कर दिया। उनकी बिल्कुल सोच ही बदल गई। पहले उन्हें लगता कि कम से कम स्कूल खुला रहेगा, तो बच्चे कुछ न कुछ सीखेंगे ही। पर अब उन्हें एक समर्पित शिक्षक की जरूरत थी। एक ऐसा गुरु जो कुम्हार की तरह बच्चों को गढ़े। उन्हें शिक्षित करने के साथ-साथ संस्कारित भी करे।

इसलिए आपसी मंत्रणा कर गाँव वालों ने इस पुनीत कार्य का जिम्मा गाँव के ही एक बुजुर्ग आनंद सिंह के जिम्मे सौंप दिया। गाँव ही नहीं इलाके भर में धमक रखने वाले बड़े ही शिष्ट, व्यवहार कुशल व दुनियादारी को बखूबी निभाने वाले आनंद सिंह के पुरखे कभी यहाँ सीमान्त गाँव भटियाणा से आकर बसे थे।

वह परिवार के ही नहीं, पूरे गाँव के सर्वमान्य मुखिया थे। गाँव में कहीं कुछ हो, उनकी मर्जी बगैर पत्ता तक नहीं हिलता था। थे भी वे वाकई मुखिया ही। कहीं कोई सुख-दुःख हो, किसी का कोई काम-काज हो, सलाह-मशविरा हो या कोई मामला निपटाना हो, आनन्द सिंह सबसे आगे खड़े रहते। लोग उनकी निश्च्छल-निष्पक्ष छवि के कायल थे। उनकी कर्मठता, कुछ न कुछ करते-करवाते रहने की आदत ने उन्हें बड़ा अनुभवी और जानकार बना दिया था। फिर धुन के भी वह पक्के थे। हर नयी पहल उन्हीं की देन थी। सरकारी कामकाज कैसे कराये जाते हैं, इस फन में वे माहिर थे। गाँव का यह प्राइमरी स्कूल भी उन्हीं की दौड़-भाग का नतीजा था।

पर इसे गाँव का दुर्भाग्य कहें या बच्चों का, गुरुजन यहाँ टिकते ही नहीं थे। आते बाद में जाने का जुगाड़ पहले शुरू हो जाता।

यह सिलसिला पिछले कई सालों से चला आ रहा था। क्या करें, खुद आनंद सिंह बड़े परेशान थे। कोई टोकता, तो उनका गुस्सा फूट पड़ता—

"क्या कमी है यहाँ पर? खाने-पीने से लेकर रहने तक का आराम। एक अतिथि सा आतिथ्य-सत्कार। बिल्कुल अपने घर सा माहौल। क्या नहीं है यहाँ उनके लिए। फिर गुरु तो भगवान से भी बड़ा होता है। वही ज्ञान देता है, आँखें खोलता है, अनगढ़

को गढ़ता है। उसका आदर सत्कार हमारा परम धर्म है।''

पर अगले ही पल वे निराशा से भर उठते। मन की टीस जुबां पर उतर आती। वे कहते–

''लेकिन अब कहाँ रहे वो गुरु! अपना धर्म भूल गए हैं। अपने दायित्व तज दिए हैं। त्याग समर्पण तो दूर नौकरी की जिम्मेदारी भी नहीं निभा रहे हैं। बच्चों की कोई चिन्ता ही नहीं रही। शिक्षा, शिक्षा नहीं व्यापार हो गया है। सब शहर की ओर भागे जा रहे हैं। गाँवों की ओर तो कोई झाँकना तक पसंद नहीं करता। जबकि ज्यादा जरूरत यहीं है उनकी। ऐसे कैसे चलेगा? हमें ही आगे आना होगा। नियति मानकर चुप बैठ जाने से कुछ होने वाला नहीं। कभी आवाज उठाते, तो आज यह नौबत न आती। हम सब भी कसूरवार हैं इसके'' उन्होंने इस हालत की जिम्मेदारी का ठीकरा गाँव वालों के सिर भी फोड़ दिया।

बिनगढ़ ही नहीं आज पूरे पहाड़ की यही नियति है। दुरूह इलाकों में कहीं सड़क नहीं तो कहीं वाहन व्यवस्था नहीं। यह गाँव भी सड़क से करीब साढ़े पाँच मील दूर है। वह भी खड़ी चढ़ाई।

आनन्द सिंह बताते–''सड़क के लिए गाँव वाले जुटे पड़े हैं। प्रधानमंत्री ग्राम सड़क योजना से गाँव को जोड़ने की कवायद चल रही है। पर सरकारी काम है। कोई सुनने वाला नहीं, न कोई धमकाने वाला। नेताओं का भी बस चुनाव होने तक का नाता रहता है। कोई सुध ले तो काम हो भी। सालों से लटकी पड़ी है सड़क।''

अब तो आस-पड़ोस के गाँव वाले भी ताने मारने लगे हैं–

''एक टीचर तो ला नहीं पा रहे, चले हैं सड़क बनाने। इन मालदारों का ही कोई पुछव्वा नहीं तो हम जैसों को कौन पूछे।''

शांत मिजाज के आनंद सिंह बस मुस्करा भर देते। लेकिन

इस बार उन्होंने ठान लिया। गाँव की पंचायत में उन्होंने ऐलान किया–

"बस अब कुछ भी हो, स्कूल का निजाम तो बिठाकर ही रहेंगे।"

जुनूनी आनन्द सिंह हाथ में थामे लाठी जमीन पर टेकते हुए तनकर खड़े हो गए। कुछ दिन पहले ही शिक्षा विभाग में खूब नोंक-झोंक भी कर आये थे वह। बड़ी मुश्किल से एक अध्यापिका की व्यवस्था हो पायी, पर आएगी कब, भगवान जाने....।

दो

अपनी धुन के धुनी आनंद सिंह लग गए हाथ-पाँव मारने में। गाँव वाले भी अब अक्ल और उम्र का रोना छोड़ उनका हाथ बँटाने में लग गए।

"चलो देर आए, दुरुस्त आए। आज अपनी उमर निकल गई तो क्या, कम से कम बच्चों के लिए तो अक्ल आई।"

आनंद सिंह मन ही मन मुस्काराए। माँ-बाप को भी अब बच्चों के भविष्य की चिंता कचोटने लगी थी। उन्हें लगने लगा, पेट तो जानवर भी भर लेता है। जिन्हें जना है, उनके लिए घोंसला व दाना-पानी का जुगाड़ तो आजाद पंछी भी कर लेते हैं। फिर हम तो इंसान हैं। इस धरा-धाम पर विचरने वाले सारे प्राणियों में श्रेष्ठ। वह भी इसलिए कि हम समझदार हैं, विवेकी हैं, शिक्षित हैं। पर अशिक्षित रहेंगे, नासमझ रहेंगे तो

क्या फर्क है फिर इस
योनि व पशु योनि में। सब जुट गए मिशन में।

बच्चे बेचारे खुश थे। चलो छुट्टी मिली पढ़ाई से। उन्हें खूब खेलने-कूदने को मिलता। घर में डाँट-डपट होती, काम करना पड़ता तो स्कूल के बहाने यहाँ चले आते। दिनभर जमघट रहता, और शाम को सब अपने-अपने घर। स्कूल के नाम पर बस यही हो रहा था।

"ऐसे काम नहीं चलेगा। बच्चे तो बर्बाद हुए जा रहे हैं। कल क्या करेंगे। फिर ये खेती-बाड़ी भी कब तक साथ देगी। ये भी नहीं रही, तो क्या गत होगी।"

यह सब समझाते हुए आनंद सिंह बोले-"अबकी बार तो काम कराकर ही लौटना है।" अगले ही दिन उन्होंने हुकम सिंह प्रधान व दो अन्य गाँव वालों को साथ लिया और ब्लॉक मुख्यालय आ डटे।

आनंद सिंह का जीवन तो जैसे गाँव वालों के लिए ही समर्पित था। सामाजिक सरोकार उन्हें विरासत में मिले थे। वह हमेशा गाँव की बेहतरी के ही सपने बुना करते। थे तो वह एक सामान्य से ग्रामीण पर जन समस्याओं और उनके निस्तारण की उन्हें गहरी समझ थी। यही नहीं शासन-प्रशासन में कहाँ उन्हें मिलना है, कैसे काम कराना है इस पर भी उनकी गहरी पकड़ थी। आये दिन वह उनके नुमाइंदों से मिलकर कुछ न कुछ काम कराते ही रहते।

सारे कागज पत्री वह साथ लाए थे। साथ ही एक-एक चीज का बारीकी से अध्ययन कर उन्होंने दो टूक बातचीत की सारी तैयारी कर रखी थी। उनकी इस आदत से महकमे का हर अधिकारी वाकिफ था। इसलिए ब्लॉक ऑफिस पहुँचते ही प्रमुख जी की उन पर नजर पड़ी, तो उन्होंने सवाल-जवाब की

कोई नौबत ही नहीं आने दी। देखते ही वे उनके पास आ गए और कंधे पर हाथ रखते हुए बोले–

''नमस्कार ठाकुर साहब। पता था आप मुझे ढूँढ़ते यहीं आ धमकेंगे। इसलिए आपके स्कूल के लिए मैंने सीधे शिक्षा अधिकारी के स्तर से ही आर्डर करवा दिया है। बस ये समझो, हफ्ते भर में ही आपके बिनगढ़ गाँव में मास्टरनी जी पहुँच जाएँगी।''

इतना सुनते ही आनंद सिंह का पारा गरम हो गया। वह तल्ख स्वर में बोले–

''प्रमुख जी, व्यवस्था भी करवाई तो मास्टरनी की। इससे अच्छा ना ही करवाते। बेचारी पहले तो वहाँ टिकेगी ही नहीं। फिर कुछ दिन निकाल भी लिए, तो स्वेटर ही बुना करेगी। दो बहिन जी तीन साल पहले भी तो आई थी। उनका ट्रांसफर इसीलिए हमें मजबूर होकर करवाना पड़ा था।''

''लेकिन अब यह नौबत नहीं आएगी।''–शिक्षा विभाग में कार्यरत एक सज्जन जो प्रमुख जी के साथ ही थे, उन्हें शांत करते हुए बोले। फिर बात आगे बढ़ाई–

''अब तो बाकायदा छाँटकर इन बहन जी का ट्रांसफर आपके बिनगढ़ के लिए करवाया है। वो ऐसी किसी शिकायत का मौका ही नहीं देंगी। उनका तो रिकार्ड है जिस भी स्कूल में उनकी नियुक्ति हुई, तीन साल से पहले वहाँ से हिली नहीं। बल्कि गाँव वाले तो ट्रांसफर होने के बाद भी उन्हें छोड़ने को तैयार नहीं होते।''

बात चल ही रही थी कि प्रमुख जी बोले–''मेरे होते अब वैसे भी बिनगढ़ में मास्टरों की कमी नहीं होगी। चलो मिलाओ हाथ। खुशी-खुशी लौटो और मास्टरनी जी की आवभगत की तैयारी करो।''

फिर उन्होंने आनंद सिंह के साथ-साथ प्रधान हुकम सिंह का हाथ कसकर पकड़ा और मजाकिया लहजे में बोले–

"अब चाय तो पिला दो भई। बाकी दावत-पानी तो जब भी करो।"

आधा घंटा यही हँसी-मजाक चलता रहा। निपटकर आनंद सिंह मय प्रधान व दो अन्य साथियों के वापस लौट आए।

"चलो मास्टरनी भी आ जाए तो कोई हर्ज नहीं। कुछ तो पढ़ायेगी ही। वरना बच्चों का भविष्य तो चौपट ही है।" रास्ते भर भी यही चर्चा रही।

"प्रमुख जी ने कहीं लच्छेदार बातों में टरका तो नहीं दिया!" मन में रह-रहकर यह भी खदबदाहट उपज रही थी। लेकिन जिस हँसी-मजाक के माहौल में बात चली थी, वह सच निकली।

हफ्ते भर बाद ही नई मास्टरनी जी बिनगढ़ पहुँच गई। नाम था 'सरोज'। गाँव वालों की खुशी का ठिकाना न रहा। सब अपनी-अपनी ओर से आतिथ्य-सत्कार में जुट गए। स्वागत की तैयारियाँ होने लगी। ढोल-दमाऊँ पहुँच गए। देर रात तक 'पौंणा-नृत्य' चलता रहा।

"ऐसा स्नेह, इतना अपनापन और ऐसा आदर सत्कार तो पन्द्रह साल की नौकरी में कहीं देखने को भी नहीं मिला।"–हैरान थी सरोज।

"जीवन बर्बाद हो रहा है इन मासूम बच्चों का। अब आप ही रोशनी देकर इन्हें रास्ता दिखाएँ। इनका भविष्य बना दें। सारा गाँव आजन्म आपका ऋणी रहेगा।" भरे गले से हाथ जोड़ते हुए आनंद सिंह बोले।

सब ने एक स्वर में उनकी हाँ में हाँ मिलाई। गाँववालों का अपनत्वपन देखकर सरोज भी भावुक हो उठी। बोली–

"एहसान कैसा! ये तो फर्ज है मेरा। यही नौकरी भी है और एक गुरु का गुरुत्तर दायित्व भी। बाकी मैं वायदा करती हूँ कि स्कूल इतवार व अन्य जरूरी छुट्टियों को छोड़कर कभी भी बंद नहीं दिखेगा। बस माफी माँगकर इतनी विनती जरूर करूँगी कि बच्चों को साफ-सुथरे कपड़े पहनाकर समय से रोजाना स्कूल जरूर भेजें।"

माफी, शायद इस वजह से कि सरोज स्वयं भी गाँव की रहने वाली ही थी। इन महिलाओं की मजबूरी वह बखूबी समझती थी। सुबह से देर रात तक काम ही काम। अब अपने ही हाथ-मुँह धोने की फुर्सत नहीं तो बच्चों को कैसे देखें! आदमी हैं तो बस अपने ही कामों में व्यस्त।

इसी बीच प्रधान जी ने भी विनम्र निवेदन किया–

"स्कूल टाइम पर गाँव का कोई भी आदमी बहन जी से मिलने, बतियाने न जाये। ताकि पढ़ाई-लिखाई में कोई व्यवधान न पड़े।"

उनकी बात पूरी भी नहीं हुई थी कि सकुचाते हुए सरोज बीच में ही बोल पड़ी–

"नहीं ऐसा नहीं है। आप जब चाहें आ सकते हैं। मिल-बैठकर और रास्ते निकलेंगे। बच्चे कैसा कर रहे हैं, मुझे उनके घर की और आप लोगों को इनके स्कूल की खबर भी मिलती रहा करेगी। और मैं भी उनके बारे में आप लोगों को आगाह करती रहूँगी।"

स्कूल गाँव के समीप ही खेतों के बीच था। आनंद सिंह ने बच्चों व अपने घरवालों की मदद से खूब लिपाई-पुताई करवा रखी थी। मास्टरनी जी के रहने की व्यवस्था भी यहीं स्कूल के कमरे में कर दी गई थी। आगे भी उन्हें कोई दिक्कत न हो, उनका यहाँ हर संभव ख्याल रखा जाता। रात के वक्त

तीन-चार लड़कियाँ बारी-बारी से बहन जी के साथ रहने आती। सरोज बेफिक्र हो गई। घर परिवार से भी वह बेफिक्र ही थी। एक बेटा, एक बेटी थे। पर वह पति व सास के पास ही पढ़ रहे थे। बाकी हफ्ता दस दिन में बच्चों से मिलने-जुलने का सिलसिला वर्षों से चला आ रहा था।

इधर पूरा घर-परिवार सा माहौल था। न सामान लाने की झंझट, न बर्तन कपड़े धोने की। खाना भी गाँव की बच्चियाँ ही बना दिया करती थी। गाँव वाले दूध, घी, सब्जी तो दूर गेहूँ, चावल धनिया, लहसुन, हल्दी, मिर्चा तक भी दुकान से नहीं खरीदने देते। घी की माणी व चावल, प्याज के कट्टे तो वह अपने घर भी ले जाती। कई बार तो सरोज मना कर देती, पर गाँव वाले उसकी ना नुकुर सुनने को राजी ही नहीं होते। वह कहती रह जाती-

"तनख्वाह मिलती है मुझे। अपनी इस कमाई पर आराम से गुजारा हो जाता है मेरा।"

पर सुनता कौन! सबका यही जुमला होता-

"अरे मास्टरनी जी आप तो ऐसा कहती हैं जैसे तुम्हें हम कोई राजपाठ थमा दे रहे हों। हमारा देने का फर्ज है और आपका लेने का। इसे आप बोझ नहीं, गुरुदक्षिणा मानिए।"

आनंद सिंह तो कभी कभार बड़े भावुक हो जाते। वह कहते-

"भुली, ये भी तुम्हारा मायका ही है। कोई हिचक-झिझक मत किया करो। जब पैदा हो रहा है तभी तो दे रहे हैं। न होता तो वही राशन की दुकान का सड़ा घुन खाया गेहूँ और कीड़े पड़े चावल ही खाते।"

फिर तनिक गंभीर होकर कहते-"तुम्हारे आ जाने से रोज स्कूल की घंटी का बजना मन खुश कर देता है। पर डर भी

सताता है, कहीं तुम्हारा ट्रांसफर न हो जाय! यहाँ से तो कब टीचर चले जाय, भरोसा ही नहीं रहता।''

सरोज खिलखिलाती–''दिल छोटा मत करो। वैसे नौकरी की बात है पता नहीं कब क्या आदेश आ जाये। फिर भी दो-तीन साल तक तो मैं आप लोगों को छोड़ूँगी नहीं।''

बड़ा लगाव हो गया था उसे गाँव वालों की आत्मीयता से। और फिर यहाँ आकर वह हकीकत जान भी चुकी थी।

''लोग भी क्या-क्या उड़ा देते हैं। इतने भले लोगों को जंगली, असभ्य और न जाने क्या-क्या कह देते। क्या-क्या तोहमतें मढ़ देते, अपने छोटे-छोटे स्वार्थों के लिए। उनकी घटिया फिकरेबाजी की फितरतों से कितना अनर्थ हो सकता है, यह भी नहीं सोचते।'' वह सोच में पड़ गई।

बिनगढ़ का सड़क से दूर होना और वह भी जंगल के बीच। ऊपर से खड़ी चढ़ाई और जंगली जानवरों का डर अलग। यह तमाम बहाने थे जिनकी आड़ में अध्यापक यहाँ से कन्नी काटने के रास्ते तलाशा करते। फिर एकाध अध्यापको की करतूतों का खमियाजा अच्छे-भले गुरुजनों को भी भुगतना पड़ता। अपनी करतूतें छिपाने को उन्होंने इधर-उधर प्रचारित कर दिया कि वहाँ तो अनपढ़ गँवार रहते हैं। बात-बात पर मारपीट करते हैं। पढ़ने-लिखने से उन्हें कोई सरोकार ही नहीं।

तीन

ये तो दुनिया है। यहाँ लोगों को बिना आग के भी धुआँ दिखने लगता है। दो बातें उड़ी नहीं कि पीछे चार और चस्पां कर दीं। बिनगढ़ को लेकर भी यही हाल था। आने से पहले यहाँ के चर्चे बहुत कुछ सरोज भी सुन चुकी थी। पति का भी मास्टरों के बीच उठना-बैठना था, तो ये चर्चाएँ उनसे भी छुपी नहीं रही। इसलिए जब बिनगढ़ जाने की बात आई, तो उन्होंने भी खूब सोच-समझ लेने की हिदायत दे डाली।

सास को तो जैसे काटो तो खून ही नहीं। वह तो पहले ही नौकरी के हक में नहीं थी। फिर यह दूर का गाँव वह भी जंगल के बीच । हरदम बाघ-भालू का भय। वह बड़बड़ाती–"कहीं कुछ ऊँच–नीच हो गई, तो किसे मुँह दिखाएँगे। अरे मेरी छोड़, इन बच्चों की तो सोच। कौन देखेगा इन्हें।"

पति भी जिद पर अड़ गये। बोले–"जिस गाँव के लिए कोई मास्टर तैयार नहीं हैं वहाँ जाओगी तुम! जितना जानवरों का डर उतना ही जाहिल ग्रामीणों का भी। जरा किसी बच्चे को डाँटोगी, तो बाप-रिश्तेदार डंडा लेकर दौड़ा देंगे। मैंने तो सुना है जंगल के बीच रहते-रहते वहाँ के लोग भी जंगली हो गये हैं।"

पति व सास से इस तरह की बातें सुन सरोज हँसने लगती। वह कहती–

"पढ़े-लिखे होकर ऐसी बातें करते हो। फिर सुनी-सुनाई बातों पर यकीन करना ठीक नहीं।"

सास को और चिढ़ाते हुए वह बोलती–"सासू जी, तब तो मैं एक बार बिनगढ़ जरूर जाऊँगी। मैंने अब तक जंगली लोग नहीं देखे। फिर यह भी पता चल जायेगा कि खराबी उन्हीं लोगों में हैं या हम मास्टरों में। रही बात बाघ-भालू के डर की, तो यह गढ़वाल में कहाँ नहीं है। सभी ऐसे भय खाने लगे, तो गाँवों में मनखी नाम की चीज ढूँढ़े नहीं मिलेगी और फिर मेरी तो इतने सालों की नौकरी का अनुभव यही है कि गाँव के लोग चाहे कुछ भी कह दो, पर होते बड़े सरल और भोले हैं। जहाँ तक मास्टरों की बात है, उनके तो कहने ही क्या। प्रवचन खूब, पर काम सारे उलटे। आधी से अधिक इनकी जमात और समाज के हमारे हल्के-फुल्के लोगों में कोई फर्क ही नहीं रहा। ये पढ़ाएँगे–सच बोलो, बोलेंगे झूठ पर झूठ। कहेंगे–जीवों पर दया करो, खायेंगे मीट-मुर्गे।

गाँव-बाहर तो छोड़ो, अपने ही सहयोगी अध्यापिकाओं के लिए क्या-क्या नहीं बकते। बच्चों को समय की पाबंदी की नसीहत देंगे, और अपना अता पता नहीं। गाँव में तो ऐसे भी लोग हैं, जो सही को सही और गलत को गलत कहने में अपने आदमी, औरत तक का लिहाज नहीं करते। बहुत कम हैं

ऐसे जो नौनिहालों के लिए अपना सबकुछ झोंके पड़े हैं। उनके लिए कोई अपना-पराया नहीं, बल्कि जो बच्चा जितना काबिल, वह अपने खून से भी प्यारा। बाकी तो समय काटने में लगे हैं।

बच्चों और उनके भविष्य से कोई लेना-देना ही नहीं। बस इसी जुगाड़ में रहते हैं कि घर बैठे तनख्वाह मिल जाये, तभी तो दर्जा पाँच के बच्चों को आज पहाड़े तक याद नहीं। अंग्रेजी और कम्प्यूटर के जमाने में वह अपना नाम तक सही न लिख पाएँ, तो लानत है ऐसी पढ़ाई पर। पर लोग हैं कि उनके लिए नजरें बिछाये रखते हैं। उनके पाँव घर में पड़ जाएँ तो अपने को धन्य समझने लगते हैं। उनके लिए कुछ भी कर गुजरने को तैयार। पर लालच सिर्फ इतना कि बस वह अपना हाथ धर दें बच्चों के सिर पर।'' एक ही साँस में सरोज अपनी सारी खुमारी उतार गई।

''ये तो बोलना शुरू करती है तो लगता है टेप-रिकार्डर चालू हो गया। अरे अब बस भी करो।''–उसे हमेशा ही चुप करवाने का जिम्मा निभाते आई सास हाथ जोड़ते हुए आगे बोली–''तू जीती मैं हारी, मेरी माँ । तू जैसा ठीक समझ वैसा कर । पर ध्यान रखना, जनानी जात है जरूरत से ज्यादा जिद्द ठीक नहीं होती। फूँक-फूँक कर कदम रखना। बाकी तू जाने तेरा पति जाने।''

पति पास ही गुमसुम बैठा रहा। वह जानता था सरोज काफी समझदार है। पढ़ी-लिखी है और उससे कहीं ज्यादा परिपक्व भी। एक बार वह गच्चा खा सकता है, पर वह नहीं। पर पत्नी है । घर से दूर अकेली जान। वह भी देहात में जंगल के बीच। बाहर वह भले जाहिर न करे, लेकिन अंदर की घबराहट उसकी शारीरिक भाषा से साफ झलक रही थी। इसलिए सीधे हामी भर देने की वह हिम्मत नहीं जुटा पा रहा था। वरना पहले तो

वह कभी झिड़क भी देता।

''आखिर हो तो औरत ही, कोई मर्द जात तो नहीं।''

लेकिन आज एक मर्द, और ऊपर से पति का वह दर्प, पत्नी की सोच, सद्इच्छा और संकल्प के आगे बिला कर रह गया। आखिरकार सरोज को बिनगढ़ जाने की इजाजत मिल गई।

चार

सरोज के सपने को जैसे पंख लग गए। उसकी मुँह माँगी मुराद पूरी हो गई। सालों से उसकी तमन्ना थी, वह गाँव वालों के लिए कुछ करे। इसके लिए एक शिक्षक के पेशे से बेहतर और क्या हो सकता था। उसकी बी.टी.सी. ट्रेनिंग का मकसद भी यही था, ताकि गाँव वालों को जागरूक कर सके। वहाँ फैले अँधियारे को मिटाकर उजाला कर सके। आज वह दिन आ गया। आखिर गाँवों का कटु यथार्थ उसने स्वयं भी भोगा था। उस उम्र में जब उसकी संगी सहेलियाँ खेलने-कूदने में मस्त रहती, वह ग्रामीण जीवन के बहुरने का सपना बुना करती।

आज जब वह बिनगढ़ पहुँची तो घर-बार भी भूल गई। दो हफ्ते कैसे गुजर गए पता भी न लगा। सबसे घुल-मिल गई वह। बच्चों की तो वह चहेती ही बन गई। शाम को जब-तक

गाँव का एक चक्कर न लगा लेती, उसे चैन नहीं आता। इसी बहाने लोगों से मिलना-जुलना हो जाता और बच्चों की वह टोह भी ले लिया करती। उसे देखते ही धमा-चौकड़ी मचाते बच्चे घरों में घुस किताबें लेकर छज्जे-चबूतरों पर बैठ जाते। जोर-जोर से गिनती, पहाड़े, कविताएँ रटने लगते। यह नजारा देख सरोज के साथ औरों के भी ठहाके गूँज उठते।

गद्गद आनंद सिंह तो छूटते ही कहते-"अरे भुली तुझे देखकर तो इनके हाथों में किताब-कापी आ जाती है। हम माथा फोड़ लेते थे, पर मजाल है ये टस से मस हो जायें। सही कहते थे हमारे बुजुर्गवार, 'बिन गुरु ज्ञान नहीं, बिन धुनी ध्यान नहीं' इसीलिए तो सरकार भी इतना पैसा बहा रही है। वह कोई बेवकूफ थोड़े है जो इतना तामझाम किए है।"

प्रधान जी के साथ ही गाँव वाले समवेत स्वर में उनकी बात जायज ठहराते हुए बोल उठते-

"बिल्कुल ठीक कहा आपने।"

गद्गद सरोज यह सब सुनकर मुस्करा भर देती।

वह अब गाँव में बच्चों के साथ-साथ उनके माँ-बाप को भी पढ़ने-लिखने के लिए प्रेरित करती। उनकी झेंप मिटाते हुए कहती-

"पढ़ने-लिखने की कोई उम्र नहीं होती। जीवन भर आदमी सीखता रहता है। फिर पढ़ लिखकर हम जानने-समझने लगते हैं कि दुनिया में कहाँ क्या हो रहा है। पढ़ाई तो फिर हमारे काम ही आएगी। शिक्षा आदमी को संस्कारवान बनाती है। और फिर हमारी देखा देखी बच्चे भी सीख लेंगे।"

धीरे-धीरे सरोज ने शाम को थोड़ा वक्त निकालकर गाँव की महिलाओं व पुरुषों को स्कूल के आँगन में ही पढ़ाना-लिखाना शुरू कर दिया। इससे जहाँ उनकी पढ़ाई-लिखाई होती, वहीं

मेल-मिलाप के साथ गाँव के अन्य मसलों पर स्वस्थ बातचीत भी हो जाया करती।

कुछ ही दिनों में गाँव का पूरा माहौल ही बदल गया। उन्हें बचत की आदत डालने, मिलजुल कर एक दूसरे की मदद करने समेत गाँव के विकास की योजनाओं में भाग लेने और सहकारिता जैसी चीजों के लिए भी उसने उनमें ललक पैदा कर दी। अपने गाँव में ही नहीं आसपास के इलाकों में भी लोगों की दु:ख तकलीफ में हाथ बँटाने को गाँव में एक आकस्मिक राहत कोष भी स्थापित कर दिया गया। सरोज शिक्षा के साथ-साथ गाँव को जागरूक करने में भी जुट गई।

इस बार कुछ ज्यादा ही समय बीत गया, तो पति और सास को सरोज की चिंता होने लगी। पता नहीं क्यों नहीं आयी? कैसी होगी? कहीं तबियत तो खराब नहीं? फिर गाँव का इलाका भी ठीक नहीं। किसी तरह फोन से सम्पर्क साधा, तो राहत मिली। सरोज ने बताया, चिंता न करें। दीवाली की छुट्टी पड़ रही है तो जल्दी ही घर आ जाऊँगी।

दरअसल उनकी चिंता इसलिए भी बढ़ गई कि सरोज दशहरे की छुट्टियों में भी घर नहीं आ पायी थी। सोचा क्यों न इन छुट्टियों का सदुपयोग कर लिया जाए। सरोज के लिए दशहरे में यहाँ आयोजित रामलीला, गाँव व आसपास के लोगों से मिलने और विचार बाँटने का बेहतरीन मंच था। उसने इसका भरपूर उपयोग किया।

रामलीला मंचन के बीच-बीच में स्वांग व छोटे-छोटे नाटक आदि कार्यक्रम गाँव के बच्चों को लेकर ही तैयार किए गए थे। इनके जरिए गाँववालों को पोलियो टीके, जच्चा-बच्चा को संतुलित आहार, कुटीर उद्योग, अल्पबचत, सहकारिता व चकबंदी की जहाँ महत्ता समझायी गई, वहीं माता-पिता व वृद्धजनों की

सेवा, जरूरतमंदों की मदद व स्वास्थ्य संबंधी बुनियादी मुद्दों के प्रति उन्हें जागरूक भी किया गया। बीच-बीच में सरोज भी गाँव व आस-पास के उदाहरण देकर समझाती भी रहती। वह कहती अगर हेमू के माता-पिता ने बचपन में ही उसे पोलियो का टीका लगवा दिया होता, तो उसका पाँव आज बेकार नहीं होता। यही उलाहना उसने सुधा के सास-ससुर को भी दी। बोली-'जच्चे-बच्चे की खुराक का ध्यान रखा होता, तो वह बेचारी आज क्षय रोग (टी.बी.) का शिकार न होती। इनके बहाने वह भविष्य के लिए औरों को भी आगाह करती रहती।

यही नहीं, गाँव वालों को रामलीला का महत्व भी समझाया गया। पहली बार लोग जान पाए कि हम दशहरा क्यों मनाते हैं।

फिर दशहरे के ठीक बीस दिन बाद होने जा रही दीपावली, गौ-धन पूजन की जानकारी भी दी गई। बताया गया कि दीपावली में हम बेतरतीब पटाखे आदि फोड़कर जहाँ फिजूलखर्ची करते हैं, वहीं अपने वायुमण्डल को बुरी तरह प्रदूषित भी करते हैं। साथ ही बम-पटाखों से दुर्घटनाओं को न्यौता देते, सो अलग। रामलीला के दौरान इस तरह का यह पहला आयोजन था।

सारी बातें गाँव वालों के दिमाग में बैठ गयी। कई दिनों तक लोगों के बीच इन कार्यक्रमों की ही चर्चा रही। लोग मास्टरनी जी को दुआएँ देते नहीं अघा रहे थे।

अब दीपावली भी आ गई, तो गाँव वालों की इच्छा हुई कि सरोज इस मौके पर भी यहीं गाँव में उनके साथ दीपावली मनाए। लेकिन घर-गृहस्थी भी तो थी उसकी। छोटे-छोटे बच्चे घर में इंतजार कर रहे होंगे। मन मारकर उसे जाने की अनुमति मिल गई। सरोज इस बार कुछ ज्यादा ही खुश और हृष्ट-पुष्ट लग रही थी। घर पहुँची तो उसे देखते ही सास ने ताना मारा-"न आशल न कुशल। तू तो अब घर-बार भी भूल गई है।" फिर

उसने चुटकी ली–"अरे बहू, तेरे चेहरे पर तो खूब रौनक आ गई है। ऐसा क्या खिला-पिला रहे हैं तुझे तेरे बिनगढ़ वाले।"

इतने में पीठ पर दो तीन कट्टे लादे मेट भी आ गया। सरोज उसी अंदाज में हँसते हुए पति की तरफ देख सास से बोली–"जी अभी पता चल जायेगा। जरा यह कट्टे तो खोलो।"

बच्चे ज्यादा ही उत्सुक थे, मम्मी क्या ले आई। सास की भी बेचैनी बढ़ी। जब तक सरोज पानी पीकर किचन से लौटी, इधर कट्टे खुल गए। बच्चे घी का डिब्बा, शहद की शीशी, अखरोट आदि ले भागे। कट्टों में चावल, गहथ, भट्ट, मिर्च, भांग, साग-सब्जी व तमाम और चीजें देख पति व सास की आँखें जैसे फटी रह गई। पर सास यहाँ भी ताने मारने से नहीं चूकी। बोली–"बहू, इतना घी, शहद और माल-पानी तो तू कभी अपने मायके से भी नहीं लाई।"

सरोज तपाक से बोली–"अब लाया करूँगी न । बिनगढ़ तो मुझे अपना मायका ही लगने लगा है। वहाँ सारे बड़े-बुजुर्ग मुझे अपनी बेटी ही मानते हैं और जितने छोटे उनकी मैं दीदी, और बुआ। खाना तक बनाने नहीं देते। आने लगी तो पीछे यह भी लदवा दिया। लाख ना-ना करती रही, लेकिन सामान गाड़ी की छत में रखवाकर ही माने। साफ कह देते हैं तेरी कुछ नहीं सुननी।"

सरोज की बातें सुनकर सास भी अब बिनगढ़ जाने के लिए मचलने लगी। छुट्टी पूरी कर लौटने का समय आया, तो सास भी तैयार हो गई। पहुँच गए बिनगढ़। ऐसी खातिरदारी और ऐसा अपनापन, देखकर सास की आँखें भर आईं। इतनी उमर गुजर गई, कभी ऐसे लोग नहीं देखे। गाँव तो अपना भी था। पर वह शहर के पास होने से खुद भी शहरी रंग में रंग गया। किसी को किसी से कोई मतलब नहीं। सब अपने में मस्त।

इंसानियत तो बहुत दूर की बात है। वह मन ही मन खो सी जाती। वापस लौटी, तो आँसू थमने का नाम ही नहीं ले रहे थे। बहुत मना किया, तो भी साथ में कट्टे लदवा दिए। प्रधान जी ने तो पिठाई भी की। टीका-पानी के बाद ही हुई विदाई। रास्ते भर सास बिनगढ़ की ही बातें करती रही। घर पहुँचे तो देख-सुनकर पति भी गद्गद।

सरोज से मजाकिया लहजे में बोला–"बहू आई तो उसे कट्टे भर कर और सास को सीधे एक बोरी। मैं जाऊँगा तो पता नहीं क्या-क्या लाद देंगे।" फिर माँ से बोला–"अब तेरी बहू चाहे जितने दिन बाद बिनगढ़ से लौटे, बिल्कुल चिन्ता मत करना। जितनी देर से आएगी, उतना फायदा। माल-पानी ज्यादा मिलेगा। अब तो बिनगढ़ के घी बिना खाना भी गले से नहीं उतरता।"

बच्चे भी हाँ में हाँ मिलाते। कहते–"हाँ मम्मी घी तो बहुत ही टेस्टी है। कभी ऐसा खाया ही नहीं। स्कूल में भी टिफिन खोलते हैं, तो खुशबू भाँपकर साथ के बच्चे पूछते हैं, रोटी में क्या लगाकर लाये हो। मम्मी, मंडुवे की रोटी के साथ घी लगा हो, तो खाने का मजा ही आ जाता है। आप बाजार से लेकर आती थी, तो उसे देखकर ही घिन आती थी।"

सरोज मुस्करा भर देती और फिर अपने कामकाज में जुट जाती। खाली बैठना तो उसने सीखा ही नहीं था। वह कुछ न कुछ करती ही रहती और आस-पड़ोस की औरतों को भी खाली समय के सदुपयोग के लिए प्रेरित करती रहती। यह उसी के प्रयास का प्रतिफल था कि आज यहाँ उनका एक स्वयंसेवी महिला संगठन न सिर्फ खड़ा था, बल्कि शिद्दत से वह लोक सेवा में जुटा भी रहता। इसके अलावा खाली वक्त घर में महिलाएँ बुनाई से लेकर छोटा-मोटा कुटीर उद्योग भी

चलाती। अब तो उसने बिनगढ़ व आसपास से फल सब्जी व अन्य उत्पादों के लिए शहर में विक्रय केन्द्र भी खुलवा दिए थे। यहाँ महिलाएँ जूस, अचार, पापड़ से लेकर तमाम और व्यंजन भी बनाकर लातीं।

आज उसके आने की भनक मिलते ही घर में महिलाओं का जमावड़ा लग गया। ये महिलाएँ जब भी सरोज हफ्ते दो हफ्ते में घर आती, अपने इस बीच का ब्यौरा उसे सौंपने आ धमकती। साथ ही आगे की रणनीति व कार्यक्रम तय होते।

बच्चे, पता नहीं इस बार क्या-क्या लेकर आती हैं, इसी उत्सुकता में उसके आने की बेसब्री से प्रतीक्षा किया करते। उनके साथी बच्चों को भी सरोज के आने का बड़ा इंतजार रहता। क्योंकि उनके लिए भी वह कुछ न कुछ जरूर लाती।

एक बार तो उसे खाली हाथ घर आया देख सबके दिल ही टूट गए। खुद पति पूछ बैठा—''क्या बात है आज कुछ नहीं लाई।'' यही सवाल सास और बच्चों ने भी बारी-बारी से दागा। सरोज जोर से हँस दी। बोली—''बिनगढ़ वालों ने तुम्हारी आदत खराब कर डाली है। लाती कहाँ से, उन्हें बताए बगैर ब्लॉक मुख्यालय से ही आ रही हूँ सीधे।'' बड़े बेटे ने बीच में ही टोका —''अरे मम्मी! वापस लौटकर आ जाती, तो क्या बिगड़ जाता! तुमने तो आज मूड ही खराब कर दिया।''

उस वक्त तो सरोज उस मासूम का मन रखने को हँस दी थी, लेकिन बाद में चाय पीते-पीते वह विचारों की अतल गहराइयों में खो गई। कैसे बताए कि—बेटा, आज वह खुद ही इतनी बोझिल थी कि उससे और कोई बोझ उठाया ही नहीं गया।

पाँच

वह क्या बताती कि जिन्दगी सिर्फ खुशियों का खजाना भर नहीं है। यहाँ सुख है, तो दुःख भी है। कहीं कुलांचे भरती ख्वाहिशों की खुशनसीबी है, तो कहीं ख्वाहिशों को लकवा मार गई बदनसीबी भी। रानी, जिन्दगी की ऐसी ही एक कड़वी हकीकत थी। जब से देखा है, तब से अन्तर्मन में उथल-पुथल ही मचाये है वह सरोज के।

आनंद सिंह की इकलौती बेटी रानी घी लेकर आई थी स्कूल में उसके लिए ।

"पापा ने भेजा है आपके लिए।" उसके परिचय देते ही सरोज ने झट पूछा–"अरे बिटिया, दो दिन आ गई मैं तुम्हारे घर, पर तू दिखी ही नहीं। कहाँ थी!"

रानी चुप रही। सिर नीचा किए हुए उसे मौन देख साथ

के बच्चे बोल उठे–

"ये तो बोलती ही नहीं बहिन जी । बस ऐसे ही चुप रहती है। छोटी थी तो खेलने आ भी जाती थी, पर अब तो अन्दर ही रहती है पूरे दिन।"

बच्चे आगे कुछ कहते, करंट सा दौड़ गया उसके भीतर। उसका अक्स रह-रहकर आँखों के सामने उतराने लगा। ध्यान बँटाने के लिए बच्चों को पढ़ाने लग गई, लेकिन मन जहाज के पंछी की तरह फिर-फिर उड़कर वहीं आ बैठता।

आज स्कूल का समय भी कटे नहीं कट रहा था। छुट्टी होते ही शाम सरोज उसके घर चली गई।

"क्या बात आज कुछ बुझी-बुझी सी लग रही है भुली! बच्चे परेशान कर देते होंगे। यह तू ही है जो फिर भी संभाल ले रही है हमारे तो ये वश के ही नहीं रहे।"

–आनंद सिंह बोले जा रहे थे, पर सरोज को जैसे कुछ सुनाई ही नहीं दे रहा था। कोई जवाब दिए वगैर वह बोली–

"रानी दिख नहीं रही, क्या कर रही है?"

वह कुछ और बोलती आनंद सिंह की आवाज एकदम हल्की पड़ गई। सारी गर्मजोशी अचानक ठंडा सी गई। बोले–

"भुली, भगवान ने एक लड़की दी वह भी ऐसी...। घर के भीतर ही दुबकी रहती है। घर में कोई आए उसकी बला से। जब तक होश नहीं था खूब चहकती थी बच्चों के साथ। जैसे-जैसे बड़ी होने लगी, घर के भीतर ही सिमटने लगी। लाख समझा दिया मानती ही नहीं। क्या-क्या जुगत कर दी। पर सब बेकार। कहीं इसकी नजर न पड़े, घरवाली और मैं तो शीशा भी छुपाकर रख देते थे। न मालूम कैसे वह एक दिन इसके हाथ पड़ गया। घर सिर पर उठा लिया। शीशा पटककर चूर-चूर कर दिया।"

यह कहते-कहते उनका गला भर आया। फिर डबडबाई

आँखें पोंछते हुए बोले–"मैंने झट उसे गोद में उठा लिया। फिर जोर से हँसने का नाटक करते हुए। ठीक किया बेटा, तूने इसे तोड़ डाला। मैं तो कब से इस फिराक में था। कमबख्त इसमें अपनी सूरत भी डरावनी लगती है।"

"हाँ पापा, मैं भी डर गई थी अपनी शक्ल देखकर।" उसे थोड़ा ढाढस बँधा और बोली–"अब जब भी लाओगे तो अच्छा शीशा लाना।"

"ना-ना मेरा बेटा तू फिक्र मत कर। अब मैं शीशा लाऊँगा ही नहीं। क्या जरूरत है? माँ तो तेरे बाल बना ही देती है और फिर कभी-कभी मैं भी बना दिया करूँगा।"

सच में तब से घर में शीशा आया ही नहीं। पर ज्यूँ-ज्यूँ रानी बड़ी होती गई, खुद से उसकी नफरत भी बढ़ती गई। धीरे-धीरे तो वह शक्की भी होने लगी। कोई किसी और बात पर भी हँसता तो उसे लगता, वह उसी पर हँस रहा है।

घरवाले तो यह समझते ही, पर अब सरोज भी यह बखूबी समझने लगी। यही नहीं रानी के लिए उसके दिल में खासी हमदर्दी भी हो गई। इसके लिए वह क्लास में बच्चों को फटकारने तक से गुरेज नहीं करती। एक दिन तो कक्षा में 'लाठी लेकर भालू आया,' पाठ पढ़ाते वक्त बच्चे रानी की ओर इशारा कर हँसने लगे, तो उसने बच्चों को ऐसी डाँट लगाई कि फिर किसी बच्चे ने कभी उसका मजाक उड़ाने की हिमाकत नहीं की।

रानी का मन पढ़ने में खूब लगता था। घर के लिए जो भी काम दिया जाता, वह पूरा करके लाती। खेलकूद में भी वह हमेशा आगे रहती। घर के कामकाज में माँ का खूब हाथ भी बँटाती। सरोज के हिसाब से वैसे रानी पाँचवीं की छात्रा होनी चाहिए थी, पर पढ़ रही थी तीसरी में। यह दोष उसका नहीं, माँ-बाप का था। कहीं बच्चे उसका मजाक न उड़ाएँ, इस

डर से उन्होंने उसे स्कूल ही नहीं भेजा। यह बात वह खुद ही कबूलते हैं। कहते हैं पैदा होते वक्त उसे देखकर तो माँ की ममता भी जवाब दे गई। लोग भी कहने लगे ऐसी बच्ची को पालकर क्या करोगे!

आनंद सिंह जिद्द न करते तो शायद आज वह जिन्दा भी नहीं होती। दाई व अन्य औरतों पर वह बिफर पड़े थे–

''लड़की तो लक्ष्मी होती है। खुश होने के बजाय तुम लोग मातम मना रहे हो? अरे, औरत होते हुए भी अपनी ही जात से ऐसी नफरत! जैसी भी भगवान ने दे रखी है, है तो औलाद ही। मैं पाल लूँगा।''

पर उनकी घरवाली का तो दिल ही टूट गया। तीन घंटे तक तो उसे अपनी छाती से ही नहीं लगाया। खूब रोई। देवी-देवताओं से लेकर अपने गाँव के इष्टदेव तक को भी खूब उलाहना दी–

''शादी के सालों बाद एक लड़की दी वह भी ऐसी। लड़का होता तो भी जी लेता। यह जिएगी कैसे! कौन इसे ब्याह कर ले जाएगा!''

''आज अब इसकी हालत हमसे देखी नहीं जाती।'' भावुक हो उठे आनंद सिंह ये बोलते हुए फफक पड़े।

सरोज उन्हें समझाने लगी–''दिल छोटा करने से काम नहीं चलता। मानव जीवन तो मिला ही संघर्ष से है। भगवान ने तो हमें वानर बनाकर भेज दिया, यह सोचकर अगर आदमी रोता रहता, हाथ पर हाथ धरे बैठा रहता तो आज वह यहाँ पहुँच पाता! वहीं जंगलों में पड़ा रहता। वैसे ही वानर रूप में। ऊपर वाले ने नैन-नक्श में जरा कसर छोड़ दी, तो क्या हुआ, दिमाग तो उसे अव्वल दिया है। उसके यहाँ अँधेर नहीं है। हो सकता है इसमें भी हमारी कोई भलाई ही हो। फिर असली सुंदरता तो मन की होती है, गुणों की होती है। जब रानी किसी बड़े मुकाम पर पहुँच जाएगी, तो कौन पूछ रहा है इस थोपड़े

को? और समय के साथ तो यह सुंदरता भी ढल जाती है। बस गुण रह जाते हैं। फिर आज तो विज्ञान के चमत्कार का युग है। उम्र-दराज जवां हो रहे हैं। मुर्दों में जान फूँकी जा रही है। तो रानी सुंदर क्यों नहीं हो सकती! यह रूप गढ़ना तो आज के चिकित्सा विज्ञान के बायें हाथ का खेल है। हम रानी को भी 'रूप की रानी' बना सकते हैं।

आखिर अंधे को क्या चाहिए, बस दो आँखें। बातें सुनने में तो बहुत अच्छी लग रही थी आनंद सिंह और उनकी पत्नी को। बेटी है कैसे ही ठीक हो जाये, तो जिंदगी सुधर जाए उसकी, साथ में माँ-बाप की भी। पर क्या यह सब इतना आसान है! सरोज चली गई तो देर रात तक वह दोनों मियाँ-बीवी रानी से अलग चुपचाप बाहर यही बतियाते रहे। घरवाली बोली-

यह कोई बुखार, पेट दर्द या और अलामात थोड़े हैं, जो इलाज से ठीक हो जाएगा। अरे, जहाँ भगवान का वश नहीं चला, वहाँ इस अदने इंसान की क्या बिसात! भगवान की मार पर कभी इंसान का वश चला है भला! फिर नसीब में जो है, वो तो भोगना ही पड़ेगा। भगवान की ही नजरें टेढ़ी हो गईं, तो कौन क्या कर सकता है? वह कभी किस्मत तो कभी भगवान को ही कोसते रहते।

छह

पता नहीं किस जनम की सजा दे दी ऊपर वाले ने भी। कभी किसी का ऐसा कोई बुरा भी नहीं किया। फिर ऐसा क्यों ? पति-पत्नी दोनों अक्सर एक-दूसरे से यही सवाल करते रहते। दोनों के नाक-नक्श ठीक ही थे। खान-दान में और कोई ऐसा बदशक्ल भी नहीं था। फिर रानी ऐसी कुरूप कैसे! कहीं किसी देवी-देवता का प्रकोप तो नहीं। पंडित-मौलवियों से लेकर पता नहीं कहाँ-कहाँ गणत-पूछ करवा डाली। आए दिन घर में पूजा-पाठ रहती। कहीं कोई घात, जैकार तो नहीं, इस आशंका में देवता भी नचा लिए, पर कोई फर्क नहीं पड़ा।

बेटी की हालत उनके लिए दिन पर दिन असह्य होती जा रही थी। एक तो औलाद का दर्द ऊपर से लोगों के ताने। खासकर

औरतों ने तो जीना और दुश्वार कर दिया था। शादी-ब्याह हो या और कोई सामाजिक आयोजन, वे अक्सर टोक दिया करते।

"रानी की मम्मी, तेरी रानी नहीं दिख रही। अरे उसे भी साथ लाया कर। बेचारी का दिल लगा रहेगा। घुट-घुटकर मर जाएगी घर के अन्दर ही अन्दर वह।"

आए दिन यही बातें सुन उसने भी इधर-उधर जाना कम कर दिया। पर कब तक। अब तो वह उन्हें टका सा जवाब दे देती है–

"उसे कौन सा यहाँ लोगों से मिलना है और कौन सा उसे कोई देखने आ रहा है। जब उसे घर में ही अच्छा लगता है, तो ठीक है तुम्हारा मिलने का मन हो तो वहीं मिल आया करो।" मन मजबूत करने की कोशिश करती वह, पर घर आकर फिर वहीं सिर पीटना ।

रानी की दादी 'भगुली देवी' थी तो पुराने जमाने के खयालों की, पर थी बड़ी जिज्ञासु प्रवृति की। नया सुनने-जानने की उसमें बड़ी ललक थी । सरोज की बातें भी वह भागवत व सत्यनारायण की कथा की तरह ही बड़े ध्यान से सुनती और फिर पूछा करती–

"मास्टरनी बिटिया, ये सबकुछ जो तू बोल रही थी, सच है क्या? क्या हमारी रानी ठीक हो जाएगी? बेटी इसका बाप तो बहुत ही सीधा-सादा है। दुनियादारी की उसे कोई समझ ही नहीं है। हमेशा दुनिया के लिए ही मरे-खपे रहता है। तू तो देश-परदेश घूमी है। बहुत कुछ जानती है। बेटा मेरी नातिन को ठीक करवा दे। हमारे पास देने को तो क्या है, पर मेरी उम्र लग जाय तुझे! भगवान तेरा भला करे!"

वह इसी तरह देवी-देवताओं के आगे भी झोली फैलाए

बड़बड़ाया करती।

माँ के इस पागलपन पर आनंद सिंह कभी-कभार उसे टोक भी दिया करते–"माँ इनके आगे गिड़गिड़ाने से कुछ भी नहीं होने वाला। हाँ, तू पागल जरूर हो जाएगी। क्यों यह रही-सही जान भी सुखा रही है। बहू तो पहले ही तेरी सूखकर काँटा हो गई है।"

पर वह उल्टा डपट देती–"पागल तो तू हुआ जा रहा है। जब देखो तब माथा पकड़े रहता है। अरे, देवी-देवता ही बिगड़े काम बनाते हैं। मुझे तो लगता है यह मास्टरनी भी भगवान ने ही भेजी है। कितना ध्यान रखती है वह रानी का। जब देखो तब उसी की फिकर। देखना एक दिन वह ठीक करके ही रहेगी रानी को।"

रानी की माँ कुछ नहीं बोलती। बस जो था उसके दिल में ही था। पर उसका चेहरा और बात-बात पर डबडबा आती आँखें उसकी भारी व्यथा की गाहे-बगाहे चुगली करती रहती। और कोई औलाद भी नहीं थी, जहाँ वह अपना मन बहला-समझा लेती। दुबारा गोद न भर पाने का दुःख अलग सालते रहता। लोग भी खुसर-फुसर कर सारा दोष उस मासूम पर मढ़ देते–

"अरे, यह मनहूस जन्मी भी तो माँ की कोख सूनी कर।"

एक दिन माँ के मुँह से ही यह जहर-बुझे शब्द आनंद सिंह ने सुन लिए तो वह तिलमिला उठे। बस किसी तरह पत्नी ने बात पलटकर शांत किया। पर औरों का क्या करें! किस-किस का मुंह नोचे!

आनंद सिंह घर में सबको समझाते रहते–"जैसी भी है हमारी बेटी है, हमारा खून है। वह खुद दुखी है। कम से कम हमारी बातों और व्यवहार से तो उसे ठेस न पहुँचे!" गाँव के

बुजुर्गवार आनंद की इसी बात के कायल थे। वे उन्हें हौसला देते और बेटी के इस रूप में भी ईश्वर का अक्श तलाशते।

न मालूम भगवान किस रूप में परीक्षा ले रहा है, पता नहीं इसमें भी घर-गाँव का ही कोई रहस्य छुपा हो। उसकी मंशा को कौन जान सकता है। इसलिए कोशिश यही हो, कि उसके दिल को कोई ठेस न लगे। यह घरवाले ही नहीं पूरे गाँव वालों का फर्ज है। आखिर, बेटी किसी एक घर की नहीं वह तो पूरे गाँव की होती है। उसका अपमान पूरे गाँव का अपमान है। और खामियों की खिल्ली तो महापाप। ऐसा कर उससे भी बड़ा नरक भोगेंगे हम। इसलिए जितनी सेवा कर पाएँ वह कम है। बड़ी-बूढ़ी औरतें तो प्यार पुचकार कर रानी की हिम्मत भी जगाती। वे जानती थी कि एक औरत होना कितना चुनौतीपूर्ण है। और उस पर अगर ऊपर वाले की नजरें टेढ़ी हो जायें, तो फिर जीवन ही नरक है। रानी के इसी दुरूह जीवन को देख वह सिहर उठती और हमेशा उसके लिए दुआएँ माँगती रहती।

सात

संगत और जगह का भी बड़ा असर होता है। बिनगढ़ आकर सरोज की सास का तो कायाकल्प ही हो गया।

कैसी खूसट थी वह। बात-बात पर ताने और गुस्सा तो जैसे नाक पर धरा रहता। जली-कटी ऐसी सुनाती कि मुर्दा भी भन्नाकर खड़ा हो जाता। बस घर-परिवार ही उसका संसार था। बाकी दुनिया मरे-खफे उसे कोई लेना-देना नहीं। क्यों किसी के पचड़े में पड़ो। अपना देखो, घर बच्चे देखो। यह उसका आदर्श वाक्य था। पर यहाँ बिनगढ़ क्या आई वह बिल्कुल ही बदल गई।

"कहाँ ले आई बहू तू! क्या बुढ़ापे में अब यही देखना बाकी था। मेरा तो मन ही उचाट हो गया है। जब से इस अभागिन रानी को देखा है, न रात की नींद है, न दिन का चैन। यह ऊपर वाला भी कितना अन्यायी है। किसी को छप्पर

फाड़कर देता है, तो किसी को जीते जी मार देता है। क्या वह जरा भी नहीं पसीजा होगा कि यह अबला जिएगी कैसे! अच्छा होता इस तरह दुनिया में भेजने के बजाय कोख में ही मार देता। उसे देखकर मुझ पर ऐसी बीत रही है, तो उस पर और उसके माँ-बाप पर क्या बीत रही होगी। कैसे काटेगी जिंदगी? कौन ले जाएगा उसे? लोग तो अच्छी-भली लड़कियों में नुक्श निकाल देते हैं, पर वह तो मनखी जैसी भी नहीं लगती। बदशक्ल ही होती, पर चेहरे पर बाल तो नहीं होते। उसकी तो तकदीर ही फूट गई है।'' सास को बीच में ही टोकते हुए सरोज बोली–

''छोड़ो भी माँ जी, तुम भी बेकार मन खराब करती हो। अरे आज नहीं तो कल ठीक हो जाएगी। क्या मुश्किल है इस दुनिया में! दिल, गुर्दे, फेफड़े सब बदल जा रहे हैं, उसका थोपड़ा भी बदल जाएगा।''

सरोज का रूखा रवैया देखकर वह और भड़क उठी–

''कैसी निर्मोही है तू, अरे इस बदनसीब पर तुझे जरा भी तरस नहीं आता! मेरी तो आँखों में घूमी रहती है वह हर वक्त। हर पल उसी का ख्याल आता है।''

सरोज ने सास की तरफ पीठ कर करवट बदली, और बोली–

''तुम भी रात में क्या सिर दर्द लेकर बैठ गई सास जी। चलो सो जाओ। बहुत देर हो गई है। सुबह स्कूल भी जाना है।''

नींद तो उसे भी कहाँ आ रही थी। यह तो सिर्फ बहाना था। सास सोए, तो उसे एकांत में कुछ सोचने-विचारने का मौका मिले। वह रात-रात भर यही सोचा करती कि रानी की तकदीर कैसे बदलेगी? उसे रानी के पढ़ लिखकर कामयाब होने का तो पक्का यकीन था, लेकिन इस कड़वी सच्चाई को वह कैसे नकार देती कि जिंदगी सिर्फ अपने दो पैरों पर खड़े होने के सहारे ही नहीं कटती और सहारों की भी जरूरत पड़ती है।

खासकर लड़की की तो हरगिज नहीं। वह भी गाँव की लड़की। घरवालों को समझा भी लें, लेकिन समाज है कि जीने नहीं देता।

शरीर और कद-काठी से तो अच्छी-भली थी वह। लेकिन इस शक्ल का क्या करें। रानी खुद भी अक्सर अपने माता-पिता से सवाल किया करती-

वह रुकमा जैसी सुन्दर क्यों नहीं है। क्या भगवान उससे नाराज है।

उसका यह सवाल सुनते ही माँ-बाप को जैसे साँप सूँघ जाता। दोनों चोट खाए पंछी की तरह फड़फड़ा उठते। पीछा छुड़ाने को तमाम दिलासाएँ देते, लेकिन बेटी को तसल्ली कहाँ!

वह बार-बार यही रट लगाए रहती । खींझकर एक दिन तो आनंद सिंह अपना आपा ही खो बैठे। अपने कलेजे के टुकड़े पर उन्होंने जिंदगी में पहली बार हाथ छोड़ दिया। फिर तो रानी को कौन सँभाले। उसने अपने बाल नोच डाले। जमीन में सिर पटकते बोली-"पापा अब तो आपको भी मैं अच्छी नहीं लगती। मुझे मार डालो। अब नहीं जीना मुझे।"

आनंद सिंह के तो जैसे फोड़े में किसी ने नश्तर चुभो दिया हो। वह छटपटा उठे। रानी को कसकर बाँहों में समेट लिया और बच्चे की तरह फूटफूटकर रोने लगे। बेटी को खूब सहलाया, पुचकारा और बोले-"अपनी बिटिया रानी को मैं देखना एक दिन 'रूप की रानी' बनवा दूँगा। गुड़िया सी लगेगी मेरी बेटी। दुनिया में सबसे सुन्दर ।

पापा की बात सुन रानी रोना छोड़ मचलने लगी। तब तो सब मुझे प्यार करेंगे न पापा? मेरे साथ खेलेंगे-कूदेंगे। स्कूल ले चलेंगे। मैं फिर सब जगह जाया करूँगी। शादी में, मेले में। अच्छे-अच्छे कपड़े पहनूँगी। अपने लिए चूड़ी-बिंदी क्रीम पाउडर लाऊँगी। पर मुझे रूकमा जैसी ही सुन्दर बनाना पापा।"

कुछ देर के लिए जैसे उसकी दुनिया ही बदल गई। सालों बाद पहली बार बेटी को इस तरह चहकते देखा उन्होंने। बरसों बाद बेटी के चेहरे पर मुस्कान देख माँ-बाप दोनों ख्वाबों में खो गए।

काश! उनकी बेटी को हकीकत में यह खुशी मिल जाती, तो इस धरा धाम में न सही उस परम धाम में तो उनकी इस अतृप्त आत्मा को तृप्ति मिल जाती।

आठ

सरोज में अब उन दोनों को अपने 'इष्ट' का रूप दिखने लगा। सब कुछ नियति और पूर्व जन्म के कर्मों पर छोड़ चुके आनंद सिंह और उनकी पत्नी में पहली बार आगे की करनी पर भी भरोसा जगने लगा। अब तक वह हाथ पर हाथ धरे बैठे थे। नियति के आगे घोर विवश व लाचार। समझ ही इतनी थी कि ऊपर वाले ने जो बिगाड़ दिया, उसे सुधारने की इस अदने आदमी की क्या औकात! लेकिन अब उत्सुकता, उत्कंठा उनमें जोर मारने लगी। सरोज से उनका एक ही सवाल रहता–

"भुली, उनकी रानी ठीक हो जाएगी न?" इलाके भर में उनकी रानी की काबिलियत का डंका बजवा चुकी सरोज पर अब उनका भरोसा बढ़ने लगा था।

रानी पाँचवीं की बोर्ड परीक्षा में पूरे इलाके भर में फर्स्ट आई थी। सबके मुँह खुले के खुले रह गए थे। वह रानी जो

कभी घर से बाहर नहीं निकलती थी। दूर गाँव कैसे जाएगी? वह भी परीक्षा देने। माँ-बाप के लिए स्वयं यह एक यक्ष प्रश्न था। पर सरोज ने उस असंभव को भी संभव बना दिया था। रानी को उसने न सिर्फ जाने को मनवा लिया, बल्कि बोर्ड परीक्षा में वह पूरा इलाका ही टॉप कर गई। परीक्षाओं के दौरान वह सरोज के साथ ही रही। इसलिए आनंद सिंह इसका सारा श्रेय सरोज को ही देते। बोले–

''भुली, ये सब तेरे ही प्रताप का प्रतिफल है। मैं अभागा तो इसे छह बरस की होने तक स्कूल का मुँह भी नहीं दिखा सका था। अब यह तेरे ही हवाले है। तू ही इसका उद्धार कर। भगवान ने शायद भेजा भी इसीलिए है तुझे। उसके यहाँ देर है, अँधेर नहीं।''

खुश तो सरोज भी कम नहीं थी। पर यह तो पहला ही पड़ाव था। उसे अभी आगे काफी लंबी यात्रा करनी थी। यही सोचते हुए उसने गहरी साँस ली और बोली–''आप क्यों चिन्ता करते हो? सब ठीक हो जाएगा। भगवान ने दु:ख दिया है, तो वही इसका निस्तारण भी करेगा। रानी सचमुच रानी बन जाएगी।''

लेकिन इसके लिए सबकुछ तो सरोज को ही करना था। कहीं गिड़गिड़ाने का फायदा भी नहीं। खुद पति से उसे टका सा जवाब मिल गया था–

''उस लड़की का भला हो जाये, यह तो मैं भी चाहता हूँ। पर यह न मेरे वश में है न तुम्हारे। कोरी हमदर्दी बेकार है। हम कोशिश करेंगे भी तो कितनी! फिर अँधेरे में हाथ-पाँच मारने से कुछ मिलना-मिलाना है नहीं। मन लगाकर नौकरी करो। उसकी पीड़ा देखी नहीं जाती, तो बिनगढ़ से कहीं और ट्रांसफर करवा लो।''

मुश्किल से ही कभी आपा खोने वाली सरोज यह सुन अपना आपा खो बैठी–

''कोई बात नहीं। आप नहीं कर सकते तो कोई हाथ नहीं जोड़ रहा। पर प्लीज अपना सुझाव अपने पास रखो। मैं उस बच्ची और उस परिवार को दिलाए भरोसे का खून नहीं कर सकती। यह दर्द हर कोई नहीं समझ सकता। उन लोगों का मुझ पर भगवान से भी ज्यादा भरोसा हो चुका है। फिर वह लड़का होता तो खप जाता। चाहे गधा ही होता। तुम्हारी तरह। वह लड़की है इसका दर्द वह उसकी माँ और एक औरत ही समझ सकती है।''

सरोज का पति तो आज जैसे लड़ने के लिए ही बैठा था। अपनी खीझ उतारते हुए वह बोला–

''मैं मानता हूँ आजकल सब कुछ संभव है। सुंदर बनना भी असंभव नहीं। पर मास्टरनी जी, यह मुफ्त में नहीं होता। लाखों रुपये चाहिए। वह हम जैसे नौकरी-पेशा लोगों के ही वश का नहीं, तो वह गाँव के आदमी क्या डाका डाल के लाएँगे!''

सरोज इस हकीकत से भलीभांति वाकिफ थी। पर इरादे नेक हों और कर गुजरने की चाहत हो तो राह निकल ही आती है। लड़ने-झगड़ने से कोई रास्ता निकलने वाला नहीं। इससे झंझट ही बढ़ेगी। उल्टा काम प्रभावित होगा। इसलिए उसने ज्यादा उलझना मुनासिब नहीं समझा। फिर अगले दिन बिनगढ़ जाना ही था तो क्यों मन खराब करे। पर उसका मिशन जारी रहा। जिला अस्पताल में चर्म रोग विशेषज्ञ से उसने इस बावत विस्तार से चर्चा की। खर्चे पानी का भी लगभग मोटा-मोटा आकलन हो गया। पता चला कि चंडीगढ़ के सीएमसी हॉस्पिटल में प्लास्टिक सर्जरी की बेहतरीन सुविधाएँ उपलब्ध हैं। इलाज में दिन भी ज्यादा नहीं लगते। खर्चा भी वाजिब ही।

सरोज को लगा जैसे पहला पड़ाव पार कर लिया। जिद्दी तो वह शुरू से रही। साथ में काम की धुनी । फिर यहाँ तो रानी और उसके माँ-बाप का विश्वास भी दाँव पर लगा था। वह कोई कोर-कसर बाकी छोड़ना नहीं चाहती थी। मन भी मान गया कि इसमें ज्यादा जोखिम भी नहीं। वह सुनती रहती थी, ग्लैमर से जुड़े लड़के-लड़कियाँ तो आए दिन प्लास्टिक सर्जरी करवाते रहते हैं। कई फिल्मी नायक-नायिकाओं की खबरें वह स्वयं भी पढ़ती रहती। इसलिए मन आश्वस्त हो गया कि यह कोई टेढ़ी खीर नहीं। फिर वह तो इस सिद्धांत की प्रबल पक्षधर थी कि जो जूझते हैं, उनकी तकदीर ही नहीं भगवान भी मदद करता है।?

नौ

अब तो सरोज का एक ही सपना था। बस किसी तरह रानी और उसके माँ-बाप की खुशियाँ लौट आएँ। इसके लिए चाहे उसे कुछ भी करना पड़े। वह जानती थी कि अब तक की उम्र रानी ने घर के कोनों में दुबक कर, सिसक कर, झेंपकर, लोगों की उपेक्षा का दंश झेल कर और ताने सुनकर किसी तरह काट ली है पर अब आगे नामुमकिन है।

वह ज्यूं-ज्यूं बड़ी हो रही थी, अन्दर की टीस भी बढ़ने लगी थी। उन्मुक्त आकाश में उड़ने वाला पंछी जैसे पंख विहीन हो जाता है, वैसी ही छटपटाहट रानी में भी साफ झलक रही थी। बेनूर, बेरौनक जिन्दगी, उम्र के उत्साह पर भारी पड़ने लगी। यह बदतर बोझिल जिंदगी अब वह आगे ढ़ोना ही नहीं चाहती थी। पता नहीं कब क्या कर बैठे! कई बार तो वह गुस्से में पापा को जान देने की धमकी दे चुकी है।

आखिर, कब तक उसे तसल्ली के भरोसे जिलाये रखेंगे। अब वह उम्र की उस दहलीज पर कदम रख रही थी, जहाँ तन, मन के अधीन हो जाता है। मन हारने लगा था, तो तन की क्या बिसात! वह कभी भी जवाब दे सकता था। रोग कम पर वहम ज्यादा मार जाता है आदमी को। रानी को भी यही वहम मारने लगा था। मम्मी-पापा के प्यार पर भी उसे अब संदेह होने लगा था।

"तुम तो मेरा दिल रखने के लिए मुझसे प्यार का नाटक करते हो।"

गुस्से में वह यह सब जाहिर भी कर देती। कहती-"पापा, तुमको भी मैं अच्छी नहीं लगती। तुम बस तसल्ली दिलाने भर को मुझे गोद में उठा लेते हो। रुकमा के पापा कैसे उसे सीने से लगाकर प्यार करते हैं, पर मुझे कभी किसी ने ऐसे प्यार नहीं किया।"

अपनी झेंप मिटाते हुए आनंद सिंह भले उसको लाख सफाई देते लेकिन उनके हाव-भाव और बहुत कोशिशों के बावजूद भी होठों पर हँसी न ला पाने की लाचारी सब कुछ बयां कर जाती।

सरोज भारी उलझन में थी। एक-एक दिन भारी पड़ रहा है। एक तरफ रानी की जिम्मेदारी तो दूसरी तरफ घर की किच-किच ।

अब तो जब भी छुट्टी पर घर जाना होता, तो फिर वही महाभारत। सास कुछ बोल लेती, तो वह फिर भी मन समझा लेती। लेकिन अब तो अपना पति ही हाथ धोकर पीछे पड़ गया। बात-बात पर ताने और जली-कटी बातें।

रानी के प्रति सरोज की हमदर्दी की तो शुरू-शुरू में उसने कोई परवाह नहीं की, लेकिन धीरे-धीरे उसकी रानी के

लिए बढ़ती बेचैनी उसे बुरी तरह अखरने लगी। कुछ भी हो जाय, सम्मान की मर्यादा हमेशा बनाये रखने वाला पति अब अपमानित करने पर उतर आया।

"आखिर उसके लिए इतना प्यार क्यों! क्या लगती है वह तुम्हारी, जो दिन-रात उसी की चिन्ता में दुबलाई जा रही हो? कभी अपने बच्चों के लिए नहीं तड़पी तुम ऐसे? तुमसे दूर वह कैसे जी रहे हैं, खा-पी रहे हैं कि नहीं। कभी कुछ ऊँच-नीच हो जाए तो कौन देखेगा उन्हें? तुम तो मुँह उठाकर चल देती हो। मैं कैसे उनको सँभालता हूँ, सोचा है कभी! जिसकी बेटी है वह तो घोड़े बेचकर सोए हैं और तुम हो कि हाय तौबा मचाए बैठी हो। अब तो घर बार से भी तुम्हें कोई लेना-देना नहीं रहा। बस उसी की सेवा का भूत सर चढ़कर बोल रहा है। इस चक्कर में किसी दिन उधर में नौकरी और इधर घरवालों से हाथ धो बैठोगी, तो आ जाएगी अक्ल ठिकाने।"

वह रुकने का नाम ही नहीं लेता। सरोज कब आए और कब मैं अपनी सारी भड़ास उतारूँ, इसके लिए वह जैसे पहले से ही तैयार बैठा रहता। और हफ्ते दस दिन से अन्दर दबा पड़ा लावा उसके आते ही फूट पड़ता। वह जब तक चली नहीं जाती। रह-रहकर तब तक धधकता और उफनता रहता। बस हर पल उसकी यही रट रहती-

"उस परायी लड़की की खातिर तुमने अपना घरबार उजाड़ दिया है। हफ्ता दस दिन में बिनगढ़ से आती हो पर आसल-कुशल गई भाड़ में, बस उस चंडाल का ही नाम जपती रहती हो।

अरे जनसेवा का इतना ही शौक है तो छोड़ो नौकरी। कूद जाओ राजनीति में। फिर देखना जिनके लिए ऐसे मर रही हो, वो एक वोट भी देते हैं कि नहीं। पता लग जाएगा कितने

पानी में हो।''

सरोज एक कान से सुनती, दूसरे से निकाल देती। कभी-कभी तो जैसे उसे सुनाई भी नहीं देता, कि कौन क्या बड़बड़ा रहा है। यही सुनती रहेगी तो और काम क्या खाक करेगी! यह वह खुद भी बोलती रहती है, और कभी अपनी गहरी पीड़ा जुबां पर ले आती।

''अरे कोई मदद न करे, अड़ंगा भी तो न लगाए। फिर मैंने क्या कसर छोड़ रखी है? घर में नहीं तो घर के खर्चे पानी में तो हाथ बँटाती हूँ। कितनी महँगाई है। बच्चों के लिए अच्छा स्कूल भी चाहिए। एक आदमी की तनख्वाह से घर चलता है कहीं! फिर टीचर हूँ। गुरु का धर्म सिर्फ शिक्षा ही नहीं, संस्कार और समाज को संबल देना भी तो है। गुरु सामाजिक ही नहीं है, तो हुआ करे विद्वान। उसकी विद्वत्ता किस काम आएगी पर कोई समझे तभी न।''

अति होने पर अब तो वह पति को दो टूक सुना भी देती-

''इंसान हो तो इंसानी सोच भी रखो । कुछ इंसानियत का काम भी कर दो। अपना और अपने परिवार का पेट तो जानवर भी भरता है। इससे ऊपर उठकर सेवा-भाव ही इंसानियत है। मैं इंसानियत का यही धर्म निभा रही हूँ, और निभाती रहूँगी।''

सरोज की यही हाजिर जवाबी और गूढ़-दर्शन का पति भी कायल था, और वह यह जानता भी था कि सरोज गलत नहीं है। पर वह इंसान है भगवान तो नहीं। अपनी अपेक्षाओं, अपनी उम्मीदों और अपनी हिस्सेदारी पर वह दूसरों का दखल कैसे बर्दाश्त करे! यह वह हल्के मूड में कभी-कभी स्वयं भी प्रकट कर देता।

मानव के इस मनोविज्ञान से सरोज भी वाकिफ थी। वह कहती भी-''सभी दुनिया में परोपकारी हो जायें, तो फिर दुःखों

के पहाड़ तले कोई अकेले छटपटाने को लाचार ही क्यों हो! पर उसकी यह जिद भी थी कि समाज के ठेकेदार बने लोग और शिक्षित-संस्कारी होने का दम्भ भरने वाले लोगों को तो यह दम-खम भी रखना ही चाहिए। वरना उतार फेंके ये लबादा और छोड़ दें दिखावे का नाटक। पर कोई आगे आए या न आए मैं तो पीछे नहीं हटूँगी।'' उसने जैसे संकल्प ही ले लिया था।

दस

जुनूनी तो सरोज शुरू से ही थी। फिर लोगों की पीड़ा का जुनून उसके सिर चढ़कर बोलने लगता। रानी का मामला तो जैसे उसके जीवन का एक मिशन ही बन गया था। उसके लिए जीवन-मरण का सवाल। कभी-कभी तो वह खाना-पीना भी भूल जाती। उसे लगने लगा कि लोगों के आगे गिड़गिड़ाने या फिर खाली सोचते रहने से कुछ नहीं होगा। इसके लिए तो जुटना पड़ेगा। हाथ-पाँव मारने पड़ेंगे। घर-बाहर का विरोध भी झेलना पड़ेगा। लोग हतोत्साहित भी करेंगे, पर करें। दुनिया में आखिर भले लोग भी हैं, जिनसे यह कायनात चल रही है।

उसकी यही सकारात्मक सोच उसके लिए टॉनिक का काम करती। वह इधर-उधर भागने के अलावा जानकारियाँ भी तलाशती रहती। एक दिन उसे पता चला कि मुख्यमंत्री के विवेकाधीन कोष से बीमारियों के इलाज हेतु आर्थिक मदद

मिलती है। उसकी तो बाँछें खिल गईं। रास्ता खुलता नजर आने लगा। बगैर समय गँवाए उसने कार्रवाई शुरू कर दी। आनंद सिंह की ओर से एक के बाद एक कई आवेदन भिजवा दिए। साथ में सिफारिशी चिट्ठियाँ भी। कई दिन तक यही उपक्रम चलता रहा। पर कहीं से कोई सकारात्मक उत्तर नहीं मिला, तो सरोज एक दिन स्वयं ही मुख्यमंत्री कार्यालय जा पहुँची। पर वहाँ भी उनकी अति व्यस्तता का हवाला देते हुए टरका दिया गया।

सरोज को गहरा धक्का लगा। दो-तीन महीने इसी कवायद में निकल गए। पर हाथ कुछ नहीं। रानी के पिता ने तो बिल्कुल हाथ-पाँव ही छोड़े दिए। बड़े नैराश्य भाव से वह बोले-

"भुली, रहने दो। कहाँ अपनी जान खफा रही है तू। नसीब में ही नहीं है, तो लाख सर फोड़ ले, कुछ नहीं मिलता। रानी की तो किस्मत ही खराब है। किस्मत अच्छी ही होती, तो यह दिन थोड़े ही देखने पड़ते। औरों की भी तो औलादें हैं, कौन ऐसे घुट-घुटकर मर रहा है?

आनंद सिंह की बात सुनकर सरोज तमतमा उठी। बोली-"मर्द होकर भी इतनी जल्दी टूट गए। अरे कैसे बाप हो? बेटी के लिए जान भी चली जाती तो उफ् नहीं करते, लेकिन दो-चार दिन में ही आपके तो हाथ-पाँव ही फूल गए हैं। नाउम्मीदी से कुछ हासिल नहीं होता। रात के बाद ही तो सुबह आती है। दिल छोटा मत करो। हमारा काम जरूर होगा। हो सकता है, जो आवेदन हमने भेजे, वे मुख्यमंत्री तक पहुँचे ही न हों। रही बात मुख्यमंत्री के न मिल पाने की, तो उसका भी जुगाड़ देखते हैं। कोई न कोई रास्ता जरूर निकलेगा। किसी के माध्यम से ही सही। जाने से पहले मिलने का समय तय कर लेंगे। अगली छुट्टी में मैंने देहरादून जाना ही है। वहाँ सारी बात कर लूँगी। तुम्हीं इस तरह से हार-मान हो जाओगे, तो उस

बिटिया रानी को ताकत कौन देगा? उसे तो हमने और मजबूत बनाना है। ताकि नादान बच्ची आपा न खोए और सनक में कहीं कुछ ऊँच-नीच न कर बैठे।''

उधर वह रानी के साथ भी खूब हँसी-मजाक में लगी रहती। उसका दिल मजबूत करने की जुगत भिड़ाती रहती। उसे प्यार से समझाती–''देखो बेटा कभी गुस्सा मत करना, और किसी बात से चिढ़ना नहीं, वरना लोग और चिढ़ाएँगे। जो बात भली न लगे, उस पर कान ही मत धरना। जो भी बातें हों उन्हें हँसी में उड़ा देना। बाकी मैं हूँ न। जल्द ही सब ठीक हो जाएगा।''

रानी हाँ मैं सिर हिलाती, तो कई बार मासूमियत से पूछ भी बैठती–''मैं ठीक हो जाऊँगी न बहन जी! रुकमा की तरह ही सुन्दर?''

रानी की यह दर्द भरी प्यारी गुहार सरोज का जैसे कलेजा चीर जाती। वह साहस बटोरती, मुस्कुराती और कहती–हाँ बेटा तू रूकमा से भी सुन्दर हो जाएगी। बिल्कुल परी जैसी। पर जो मैंने कहा वही करना।''

चेहरे पर दृढ़ भाव लाते हुए रानी झट हाँ में सिर हिला देती।

दूसरी ओर सरोज आनंद सिंह और उनकी पत्नी को बेटी के इलाज के लिए तैयार रहने की हिदायत देती रहती और समय-समय पर उनका धैर्य बनाए रखने हेतु प्रोत्साहित भी करती रहती।

ग्यारह

नसीब का खेल भी बड़ा निराला है। जो इसका दामन थामे रहता है, उसे तो यह खूब नचाता है और जो इससे दो-दो हाथ पर आमादा है, उसे निहाल कर देता है।

सरोज घंटों कभी यही सोचती रह जाती। रूकमा के बाप को ही देख लो। दिन-रात कैसी तिकड़में भिड़ाते रहता है। उसके लिए न भाग्य न भगवान। कहते हैं एक बार किसी ज्योतिषी ने कह दिया, भगवन्, तुम्हारे हाथ में भाग्य रेखा है ही नहीं तो चाकू से चीर कर खुद भाग्य रेखा बना डाली उसने। आज देखो कहाँ से कहाँ पहुँच गया। बिटिया भी कितनी सुन्दर! दूसरी ओर ये आनंद सिंह है घोर भाग्यवादी। जो भाग से मिल गया उसी में खुश है। कोई तीन तिकड़म नहीं, पर क्या हाल हैं बेचारे के, एक औलाद वह भी ऐसी!

वह बौखला उठती—"अरे भाग्य के भरोसे ही पड़े रहोगे, तो मर जाओगे। तुमने तो जिन्दगी काट ली है, पर यह मासूम क्या करेगी? कम से कम उसका तो खयाल करो। हाथ-पाँव ही नहीं हिलाओगे, तो किस्मत क्या खुद निवाला मुँह में ठूँस जाएगी। ठीक है, पूजा-पाठ, देवी-देवताओं का स्मरण और पूर्व जन्म के कर्म आदि भी हमारे जीवन का हिस्सा हैं, लेकिन इन्हीं के भरोसे सब कुछ छोड़ देना महा बेवकूफी है। भई करनी तो हमें ही करनी पड़ेगी। ये क्यों नहीं सोचते कि ऊपर वाले ने तो इतना दे दिया, चलो कुछ इजाफा हम भी कर लें। बैठे-बैठे कोई चमत्कार नहीं हो जाएगा। रानी के लिए जो भी है हमें ही करना होगा।"

"कुछ नहीं होगा करने से।" बिलकुल टूट चुकी रानी की माँ की पीड़ा पके फोड़े सी रिस आई। "मैंने क्या-क्या नहीं कर लिया। पूजा-पाठ से व्रत संकल्प सब कुछ। एक मंदिर नहीं छोड़ा। सारे तीर्थ कर डाले। पर ढाक के वही तीन पात। जो नसीब में है वह भोगना ही पड़ेगा। पूर्व जनम के कर्मों का प्रायश्चित्त करना ही होगा। जैसी करनी वैसी भरनी। जो किया है वही भोग रहे हैं। अरे करने से ही भाग जग जाते, तो कौन सिरफिरा है जो नहीं करता। सब अपना भाग जगा लेते हैं। कौन माँ-बाप नहीं चाहते अपनी औलाद खुश हो। पर जैसा भगवान ने गढ़ दिया, गढ़ दिया। अपना-अपना भाग्य है। उस पर किसी का जोर नहीं। अब तो यह भी डर लगने लगा है कि भगवान ने जो दिया है, उसमें हमने कुछ छेड़छाड़ की, तो कहीं कुछ और अनर्थ न हो जाए। इसलिए जो उसकी मर्जी है, उसे चलने दें। जब तक जिन्दा हैं, अपनी औलाद को पाल तो सकते ही हैं। जब दिन पूरे हो जाएँगे, तो साथ ही चिता लगवा लेंगे।

मुझे अब कुछ नहीं करना। अपनी बेटी की इसी सूरत से दिल बहला लूँगी।'' वहीं बैठी-बैठी दीवार पर सिर टिकाकर निढ़ाल सी फूट-फूटकर रो पड़ी।

सन्न रह गई सरोज। नजरें जैसे रानी की माँ पर ही अटकी रह गई। साँस ऊपर की ऊपर और नीचे की नीचे। कोई और होता तो झल्ला उठता-

''जाओ जहन्नुम में। कौन सा अपनी बेटी के लिए भीख माँग रहा हूँ। तुम्हारी बेटी, तुम्हीं सम्हालो।''

पर सब्र और समझ ही तो उसकी पूँजी थी। लोग उसे नहीं उसके इसी जज्बे, जुनून और इंसानियत को सलाम करते। वह समझ गई यह किसी औरत की भड़ास नहीं एक लाचार बेबस माँ की दबी पड़ी पीड़ा का फट पड़ा सैलाब था। ऐसी माँ जो इकलौती बेटी के पहाड़ जैसे दुःख के बोझ तले पिछले चौदह-पन्द्रह सालों से छटपटा रही थी। सरोज ने उसे अपनी बाँहों में समेट कर सीने से लगा लिया और लग गई उसे जीवन के यथार्थों से भरी गीता का सार समझाने।

बारह

ऊपर वाला अगर खामियाँ देता है, तो संग में खूबियाँ भी जरूर देता है। मानव इतिहास के तमाम पड़ाव इसके गवाह हैं। ऋषि, चिन्तक, दार्शनिक, वैज्ञानिक, साहित्यकार और न जाने क्या-क्या। अतीत से आज तक न सिर्फ हमारे प्रेरणा स्रोत रहे हैं, बल्कि हमें संबल भी देते रहे हैं। इस काया और माया के भ्रम से ऊपर उठकर जीवन का मर्म समझाते रहे हैं। मरघट बनकर हममें वैराग्य जगाते रहे हैं। समाज से भगाने वाला वैराग्य नहीं, बल्कि सीमित, संकुचित स्वार्थों से निकाल भगाने वाला वैराग्य। ताकि यह जीवन स्व: से हटकर समाज के लिए समर्पित हो सके। सरोज कभी-कभी बिलकुल ही दार्शनिक हो जाती। कहती-

रानी भी जरूर हमें झकझोरने आई है हमें रोशनी दिखाने के लिए। तभी तो दिए की बाती की तरह जल रही है, ताकि

यह अंधकार औरों का जीवन दूभर न कर दे। कभी-कभी रानी सरोज से कहती भी–

"मास्टरनी जी मेरा जैसा जीवन और किसी लड़की को नसीब न हो। कुछ ऐसी जुगत करना कि फिर आगे कोई ऐसे न रोए।"

भावुक सरोज उसे सीने से लगा लेती, और बोलती–"नहीं रानी तूने सबके लिए द्वार खोल दिए हैं। मेरी बिटिया भी अब नहीं रोएगी और न आगे कोई ऐसे उम्र भर रोने को लाचार होगा।"

बस यह काम हो जाए। आगे फिर राह आसान। लोग जानने समझने ही लगेंगे कि जिसे हम नियति मानकर आज आजन्म भोगने को लाचार हैं, वह दरअसल हमारी भूल है। हम इससे उबर सकते हैं। देखो मम्मी-पापा ही कितने बदल गए। पहले उन बेचारों को दीन-दुनिया की कुछ खबर ही नहीं थी। और आज रानी के साथ खड़े हैं। उसकी कायाकल्प के लिए।

सरोज उसे ढाढस भी बँधाती–"मैं तो तुम्हें ठीक करके ही रहूँगी। फिर भगवान ने तो मुझे गुरु के साथ-साथ माँ भी बनाकर भेजा है। ये दोनों धर्म निभाना मेरा दायित्व है।"

बात सही थी। वह शिक्षित कर बच्चों का न सिर्फ अज्ञानता का अंधकार मिटा रही थी, बल्कि उन्हें जीवन जीना भी सिखा रही थी। भले-बुरे का एहसास करवा रही थी।

बच्चे तो बच्चे गाँव के बड़े बुजुर्ग, जवान ब्याहिताएँ सभी की वह मास्टरनी जी थी और जहाँ जैसी जरूरत, वहाँ वह वैसी पेश आती। उन्हें समझाती बुझाती और शिक्षा दीक्षा भी देती। कहती–"जितना पढ़ना-लिखना जरूरी है, उतना ही उसे गुनना भी। जितनी ऊपर वाले से हमारी अपेक्षाएँ रहती हैं, उतनी ही हमें अपने से भी रखनी चाहिए। आखिर करना-धरना तो सब अपने ही हाथ में है। भगवान ने बहुत बड़ी ताकत दे

रखी है आदमी को। इतनी कि उसकी तरफ से जो खामियाँ रह जाएँ, वह इंसान दूर कर सकता है। इसीलिए तो गाहे-बगाहे वह इम्तहान भी लेता है। आजमाता है अपनी संतान को। देखो मैंने तो इतना दिया है अब वह कितना इसमें सुधार कर पाता है। जो जितना सुधार कर ले, वह उसे उतना ही बड़ा ईनाम देता है।

तेरह

शिक्षा संस्कारों का पावन संगम थी सरोज। जितनी प्रबुद्ध उतनी ही विनीत। प्रखर भी और परिपक्व भी। एक सच्ची गुरु। संत कबीर के बिल्कुल कुम्हार सी। जो घड़ा गढ़ने को अन्दर तो हाथ का सहारा दे, और बाहर से चोट मारे। सुन्दर घड़े को आकार देने की जुगलबंदी बच्चों तक ही नहीं उनके माँ-बाप पर भी वह लागू करती।

यह जानते हुए भी कि भलाई में, भलाई कम बुराई ही ज्यादा मिलती है, वह अपने काम में लगी रहती। जो करना है, सो करना है। मीन-मेख निकालना तो इन्सानी फितरत है। करने दो उन्हें तुम्हें आगे बढ़ना है तो डरो नहीं। जो डर गया सो मर गया। वह औरों को भी हिम्मत बँधाती।

पर थी तो इंसान ही। लोगों के फिकरे और ताने ही

होते, तो सहन भी कर जाती। पर कुछ सिरफिरों ने उसके मर्म पर ही चोट कर डाली। उसकी इंसानियत, ईमानदारी और ईमान को ही चौराहे पर घसीट लाए।

अरे यह मास्टरनी तो बड़ी चालाक निकली। आनंद सिंह के परिवार को तो उसने अपने मुट्ठी में ही कर लिया है। रानी के ईलाज के नाम पर खूब पैसा बटोरने में लगी है, इधर-उधर से खूब पैसा इकट्ठा कर लिया है। बस एक दिन समेटकर रफू चक्कर। कब ट्रांसफर हुआ, पता ही नहीं चलेगा। ऐसे ही लगी है वह उनके पीछे! कौन मरता है आज इस तरह किसी के लिए। ऐसे ही पड़ी है यहाँ इतनी दूर। कोई मर्द तक तो यहाँ आने को राजी नहीं और फिर यह औरत जात। वह भी ऐसे मन लगाकर पढ़ाए। अरे सब ढोंग है ये। एक दिन देखना फूट जाएगा सारा भांडा।

सरोज ने सुना, तो सर पकड़ कर बैठ गई। अपना माथा फोड़ ले या उनका। कुछ देर कुर्सी पर ही निढाल पड़ी रही। गाँव की ही एक औरत दबे पाँव आकर बता गई थी। ''देखो मास्टरनी जी, आप बच्चे, घरबार सब कुछ छोड़कर यहाँ पड़ी हो। इतनी मेहनत से बच्चों को पढ़ाने में लगी हो। और वह आनंद सिंह की बेटी रानी, क्या लगती है आपकी? पर उसके लिए अपना खाना-पीना छोड़कर जुटी पड़ी हो। ऐसा तो अपना कोई सगा भी नहीं करता। अरे इतना ही दर्द है रानी के लिए, तो खुद ही कुछ क्यों नहीं कर देते! आप कर रही हैं तो उनके कलेजे पर साँप लोट रहे हैं। अरे कीड़े पड़े इनके मुँह में, जो उल्टी सीधी बातें कर रहे हैं। भले खानदान के होते, तो शुक्रिया अदा करते ऊपर वाले का कि इतनी अच्छी मास्टरनी मिली है। बच्चों का जीवन सुधर रहा है। पर चिन्ता मत करो। हम लोग हैं न आपके साथ। चलिए आराम कीजिए। आज आपकी तबियत भी कुछ ठीक नहीं लग रही, मैं चलती हूँ। गाय-भैंसों के लिए

घास-चारा लेने निकली थी। सोचा तुमसे मिलती चलूँ।''

वह चली गई, लेकिन सरोज बिलकुल वैसी ही बुत बनी दूर खेतों के बीच ओझल होने तक उसे एकटक देखती रही। इतने करने-धरने का यह इनाम। अरे न करते तारीफ, कम से कम ऐसी ओछी बातें तो न करते। उसका सर चकराने लगा। दोनों हाथ गाल पर धरे वह दरवाजे के एक पट पर टेक लगाकर दूर आकाश को निहारने लगी। और दिन पति, सास आदि उससे जिरह करते थे, आज वह खुद अपने से जिरह करने लगी-

''क्या जरूरत थी यहाँ कूदने की। टीचर थी तो टीचरी ही करती। कमाती-खाती मस्त रहती। घरवालों के ताने भी नहीं सुनने पड़ते। और न गाँव वालों के ये फिकरे । अब भोगो।'' अपने आप को दुत्कारते वह अन्दर चली आई, और चारपाई पर लेट गई।

आज पानी भी नहीं भरा। न धूप-बत्ती की। और दिन गाँव जाने से पहले वह पानी भर जाती और फिर लौटते ही नहा-धोकर धूप-बत्ती करती। फिर बच्चियाँ आ जाती रहने। वे खाना बनाती और वह पास ही कुर्सी में बैठी उनसे बतियाती रहती। पर आज तो कमरे में भी अँधेरा पसरा पड़ा था। रात आठ बजने को आए तो चिन्तित आनंद सिंह पता करने यहीं आ धमके। पर कमरे में कोई रौशनी न देख वे घबराहट में सीधे अन्दर ही घुस आए।

''क्या बात भुली तबियत ठीक नहीं है क्या? बच्चों से कहलवा देती तो मैं रानी की माँ को भेज देता।''

''नहीं-नहीं ठीक है। थोड़ा सिर दुःख रहा था इसलिए लेट गई।'' यह कहते हुए सरोज उठ बैठी। और कमरे की बत्ती जलाते हुए उसने आनंद सिंह की ओर कुर्सी सरकाई। बोली-

''बैठिए भाई साहब, आपको भी मैंने यहाँ तक दौड़ा

दिया।''

अरे नहीं, यह तो हमारा फर्ज है। तू रोज शाम आ जाया करती थी न घर। हमें आदत सी पड़ गई। आज नहीं आई, तो रानी की माँ बोली—देखकर आओ, क्या बात है मास्टरनी जी क्यों नहीं आई आज! क्या कोई दिक्कत है। हमेशा लोगों को दिलासा देने वाली सरोज का आज मन उदास देखकर आनंद सिंह अधीर हो उठे। सरोज टालने की कोशिश करने लगी—पर आनंद सिंह की जिद पर उसने सारा किस्सा बयां कर दिया—

''हे भगवान! इतनी सी बात । मैं तो डर गया था। पता नहीं क्या बात हो गई है।'' चौंकने के बजाय आनंद सिंह ने जोर का ठहाका लगाया। सरोज हैरानी से उनका चेहरा देखते रह गई। वह बोले—

''ये तो भुली, कीड़े हैं गन्दी नाली के। कुलबुलाते रहना उनकी फितरत है। जब तक अपनी कुंठा नहीं निकाल देते, उन्हें खाना ही नहीं पचता। उनकी दुनिया ही यही है। तभी तो तरक्की नहीं कर पा रहे हैं। मर जाएँगे ऐसे ही सड़ के और सड़ाँध फैलाके। तू कैसी पढ़ी-लिखी है। कैसी दुनिया घूमी है। अरे कुत्तों का तो काम ही है भौंकना। चल घर चल वहीं करेंगे बात। खाना खाकर छुड़वा दूँगा। जो बच्चियाँ आज रात आनी हैं उन्हें वही बुलवा लेंगे। उन्हीं के साथ चली आना।''

बहुत बड़ा बोझ जैसे उतर गया सर से । सरोज ने कमरा बंद किया और चल दी साथ में। घर पहुँचते ही सारी कहानी बयां कर दी, रानी की माँ के सामने आनंद सिंह ने। उसके तो जैसे तन बदन में आग लग गई—

''नाश हो इन लोगों का। अब कोई और नहीं मिला, तो इनके पीछे पड़ गए। तुम फिक्र मत करो मास्टरनी जी। ये लोग

तो काम बिगाड़ना चाहते हैं। वह नहीं चाहते कोई खुशी से रहे। वे तो दुःखी ही इसीलिए रहते हैं कि कोई पड़ोसी सुखी क्यों है!''

सरोज की जैसे सारी हरारत दूर हो गई। आज एक मास्टरनी बच्चों की तरह सिर झुकाए खड़ी थी। और जिन्हें वह शिक्षा का पाठ पढ़ाती, वह आज उसके मास्टर बने उसे सीख दे रहे थे। और वह विनीत भाव से उसे सहेजे जा रही थी।

चौदह

गजब है यह दुनिया भी। यहाँ आदमी चाहे जितनी मास्टरी कर ले, पर रहता है हमेशा शिष्य ही। जिन्दगी भर सीखते ही रहता है। अज्ञानी ज्ञानी से ही नहीं, बड़े छोटों से भी। शिक्षक बच्चों से भी और पढ़ा-लिखा निपट अनपढ़ गँवारों से भी। कुछ भी तुच्छ नहीं है यहाँ। बस सीखने वाला होना चाहिए। गद्गद थी सरोज। उसने एक और पाठ आज सीखा। दुनियादारी का। हारमान हालातों में भी हिम्मत न हारने का। वह हरएक से हमेशा कुछ न कुछ सीखने की हर पल कोशिश में रहती । यही उसका बड़प्पन था। मास्टरनी होते हुए भी वह बच्चों से भी कुछ न कुछ सीखने की चेष्टा करती। इसीलिए आज वह इस मुकाम पर है।

वह कमरे में लौट तो आई पर अभी भी कान में उसके

आनंद सिंह और उनकी घरवाली के ही स्वर गूँज रहे थे। साथ आई बच्चियों से उसने थके होने का बहाना बनाकर आज जल्दी सो जाने की मनुहार की। बोली–

''कल होगी गपशप। आज सो जाते हैं।'' यह कहकर उसने करवट ली और लौट आई फिर अपनी दुनिया में।

कितना बड़ा अनर्थ कर दिया था मैंने । ये लोग न सम्हालते तो मैं राह ही भटक गई थी। मेरे तो कदम ही डगमगा गए थे। कितनी कमजोर हूँ मैं! ऐसे लड़ाई लड़ी जाती है भला! बयाना ले लो और मुकर जाओ। ये भी कोई इंसानियत है। उस बेचारी रानी और उसके माँ–बाप को क्या मुँह दिखाती। घर में क्या कहती। ये जो लांछन लगा रहे हैं उन्हें क्या जवाब देती। क्या उन्हें छूट दे देती कि वह जो हरकतें करते आ रहे हैं, करते रहें ताकि गाँव वालों का काम करने वालों पर से भरोसा ही उठ जाए। कितने महान हैं रानी के माँ–बाप, जिन्होंने इतनी प्रतिकूल परिस्थितियों में भी अपना विवेक नहीं खोया। और एक मैं हूँ वगैर किसी आफत के ही अपना धीरज नहीं बनाए रख सकी।

सरोज ने उसी वक्त प्रण किया कि अब चाहे धरती उलट–पुलट हो जाए, वह टस से मस नहीं होगी। और जुट गई अपने मिशन में फिर नए जोश से। लगा मुख्यमंत्री कोष से कुछ होना–हवाना है नहीं, तो सोचा क्यों वक्त जाया करूँ! वह स्वयंसेवी संस्थाओं से सम्पर्क साधने में जुट गई। स्वयं दौड़–भाग करती, उनसे मिलती। इस बार न सही, चलो अगली बार हो जाएगा। वह प्रयास जारी रखती। कुछ जगह तो बस आश्वासन ही मिलते। और कुछ ऐसे भी थे जो करते तो कुछ नहीं और उल्टी सलाह दे डालते, लेकिन वह टूटी नहीं। धीरे–धीरे ऐसे भी लोग सम्पर्क में आने लगे, जो मददगार थे। उसकी बातों में रुचि लेते और रानी के लिए सहानुभूति रखते।

इसी बहाने सरोज को दुनियादारी की हकीकत भी पता लग गई। वह समझने लगी। हाथी के दाँत दिखाने के और खाने के और होते हैं। सरकार से लेकर ये तमाम विभाग बस दिखावे भर के हैं। प्रचारित कुछ करते हैं और असलियत कुछ और होती है। चक्कर काटते-काटते थक चुकी सरोज की खीझ कभी-कभी विभागीय लोगों पर भी उतर जाती–

"आप लोग तो आदमी को नहीं पैसे को और पहुँच को पहचानते हो। नेता अफसरों और रसूखदारों के आगे तो दुम हिलाते फिरते हो और जरूरतमंदों को दुत्कार देते हो। अरे तुम्हें तो रखा ही आम आदमी की सेवा के लिए है। तुम सेवक हो, पर भगवान बने बैठे हो। अरे इनका नहीं तो अपने बाल-बच्चों का ख्याल करो। गरीब की हाय लगेगी तुम लोगों को।"

पर कुछ भले लोग भी हैं। जिनकी बदौलत यह व्यवस्था चल रही है। यह दुनिया चल रही है। यह बात वह जानती थी इसीलिए वह लगी भी रहती। जगह-जगह टरकाए जाने, चक्कर लगाने से वह मन छोटा नहीं करती। उसने तय कर लिया, वह अब सिर्फ उन लोगों से ही सम्पर्क साधेगी, जो काम करेंगे और उसके प्रति सहानुभूति रखेगी। संयोगवश इसी कवायद में उसकी मुलाकात 'नवजीवन' नाम की एक स्वयंसेवी संस्था के संचालक राम प्रकाश जी से हो गई। उसने सारी व्यथा-कथा उन्हें सुना डाली। वह पहले आदमी थे जिन्होंने उसे इतनी गंभीरता से सुना। बात पूरी होने पर वह बड़ी शालीनता से बोले–"मैं देखता हूँ इस बारे में क्या किया जा सकता है। कल कार्यालय में आकर मिल लो।"

अगले दिन वह नियत समय पर राम प्रकाश जी से मिलने संस्था के कार्यालय पहुँच गई। उसे देखते ही रामप्रकाश जी ने गर्मजोशी से अभिवादन किया–

"आओ बहनजी, आओ।" उसे आराम से बिठाते हुए वह बोले–"हम उस बच्ची का सारा खर्च उठाने को तैयार हैं। पर एक शर्त है हमारी। वह आपको पूरी करनी होगी।"

इतना सुनते ही सरोज चौंक गई। "शर्त कैसी!" उसे लगा कुछ लेन-देन की बात तो नहीं कर रहे हैं।

सरोज को चिन्तातुर देख रामप्रकाश जी बोले–"घबराइये नहीं। जिस बच्ची की सर्जरी करवानी है, उससे हमारा बोर्ड पहले मिलना चाहेगा। तय करेगा कि वाकई वह इलाज की हकदार है कि नहीं। हमारी संस्था उन्हीं बच्चों का जीवन संवारने के लिए समर्पित है, जो तकदीर के मारे हैं। लोग यहाँ शौक के लिए भी चले आते हैं और फिर झगड़ने लगते हैं। पर आप आई हो, तो हमें पूरा भरोसा है, लेकिन संस्था के नियम से हम बँधे हैं। इलाज से पहले यह शर्त तो पूरी करनी ही होगी। बुरा मत मानिएगा।

सरोज ने सहर्ष यह शर्त स्वीकार ली। अगले हफ्ते इसी दिन का समय तय हो गया। सरोज बिनगढ़ लौट आई।

पन्द्रह

उजाले का बीज भोर के पहले घनघोर अँधेरे के बीच ही कहीं छिपा होता है। कुदरत के इस यथार्थ को सरोज आज खुद में साक्षात् घटित होते देख रही थी। क्या-क्या नहीं सुना, क्या नहीं सहा। कभी-कभी तो आँखों के आगे घुप्प अँधेरा सा छा जाता। सहारे के बजाय लोग सबक बन जाते हैं। जो साथी थे, उनके भी सुर-साज बदल गए। सराहना छोड़ वे सलाह पर उतर आए। किन्तु अब उजाले की उम्मीद जगी है।

सालों बाद आज इतनी तरोताजा लग रही थी सरोज। खुशी से पागल। पहाड़ का यह दुरूह सफर कब कट गया, पता ही नहीं लगा। गाड़ी से उतरते ही वह सीधे रानी के घर चल दी। खुशी की यह खबर देने को वह बेताब थी।

वह कुछ बोलती, इससे पहले ही जैसे आनंद सिंह ने

उसके चेहरे की खुशी पढ़ ली। जंग जीत कर लौटी वीरांगना सा उसका खैर मकदम करते हुए वह बोले–

"बधाई-बधाई आज तो भुली का चेहरा बड़ा दमक रहा है। लग रहा है सारे किले फतह कर आई। अरे आखिर भगवान भी बिल्कुल ही आँखें बंद किए थोड़ी बैठा है। देर-सवेर तो वह भी पसीजेगा ही।"

"जी हाँ, काम अब हो ही गया समझो।" खनकती आवाज में सरोज बोली–

"अरे होगा कैसे नहीं। जो तू चाहे वह न हो, यह संभव है! अरे तेरी जिद पर तो यमराज भी हारमान हो जाय। आदमी की क्या बिसात! दादी कहा करती थी, जीत-हार तो मन से होती है। जिसने मन ही बना लिया, जीतने का तो उसे भगवान भी नहीं रोक सकता। तुझे तो मैं जानती हूँ। तू औरत नहीं तू तो साक्षात देवी है।" कहते हुए अचानक भावुक हो उठी रानी की माँ। फिर अपने मनोभावों को संयत कर आगे बोली–

"मुझे तो यही लगता है, तभी ऊपर वाले ने अपनी चूक की भरपाई के लिए भेजा है तुझे यहाँ। भगवान तुझे लम्बी उम्र दे। लोग इसी जन्म में नहीं जन्म-जन्मांतर तक याद करते रहें तुझे!"

"मेरा नहीं ऊपर वाले का शुक्रिया अदा करो दीदी, ऊपर वाले का। उसकी मर्जी बगैर पत्ता भी नहीं हिलता। मैं तो बस एक जरियाभर हूँ। मैं न होती, तो कोई और होता। कुदरत का काम रुकता थोड़े ही है। खैर छोड़ो। रानी को ईलाज हेतु भेजने की तैयारी करो। उसे देहरादून ले जाना है। जिस संस्था से बात हुई है वह बच्ची को देखकर मन ठोक लेना चाहती है। ताकि संस्था का पैसा जरूरतमंदों को मिले और उस पर अंगुली भी न उठे।" सरोज बोली।

"बिल्कुल सही"। सहमति में सिर हिलाते हुए आनंद

सिंह बोले–"कोई दो पैसे की मदद नहीं करता आजकल। जो आड़े वक्त काम आ जाए, समझो भगवान है। भुली, कौन हैं ये देव तुल्य, जो हमारी बेटी की मदद को आगे आ रहे हैं?" उन्होंने सवाल किया।

जवाब जैसी जुबान पर ही धरा था। सरोज बोली–

"कोई रामप्रकाश जी हैं। बहुत बुजुर्ग, वही यह संस्था चलाते हैं। बहुत विनीत और बड़े धार्मिक। मुझे तो लगा जैसे मैं साक्षात अपने दादाजी, नानाजी से बात कर रही हूँ। ठीक कहते हैं बुजुर्गवार, भले लोग आज भी मौजूद हैं इस दुनिया में।"

"अरे जिसे जाना है, उससे तो पूछा ही नहीं।" रानी की तरफ मुखातिब होते हुए सरोज प्यार से बोली। उसके गाल पर हल्की सी थपकी देते हुए बोली–"बेटा तैयारी कर लो अच्छी तरह। बाहर जाना है दो-तीन दिन लग सकते हैं वहाँ। लत्ते-कपड़े सब रख लेना।" और फिर देने लगी नसीहत। देखो–"मैंने जो-जो समझाया है, उस पर अमल करो। कोई कुछ भी कहे कहने दो। आपा बिलकुल मत खोओ। बस भगवान की कृपा से हमें मदद करने वाले भी मिल जाएँगे। अब सब ठीक हो जाएगा। लेकिन तुम्हें ठीक रहना है बस।"

सब लोग उत्साहित थे। खुश थे पर अन्दर से एक अजीब सी बेचैनी भी। अरे कहीं एक फोड़ा भी शरीर में हो जाए, तो उस पर चीरा लगाने तक के लिए मन ठोंकना पड़ता है। फिर यहाँ तो दाँत, जबड़े से लेकर चमड़ी तक का सवाल है। वे अपने इष्टदेव से दुआ माँग रहे थे। तूने इतना कर दिया, तो बस यह भी निपटा दे। पर है तो कमबख्त मन ही। कितनी ही जुगत कर लो मानता ही नहीं।

भगवान को याद करते-करते वह घड़ी भी आ गई। सरोज ने छुट्टी ली, और रानी को लेकर देहरादून चल दी।

रास्तेभर भी वही नसीहतों का पाठ। सफर भर में लोगों के लिए रानी कौतूहल बनी रही। कोई सरोज से सवाल करता तो कोई आपस में ही खुसर-पुसर करते। सरोज की बातें याद कर रानी मन मजबूत कर लेती। पर लोगों की कोई न कोई हरकत उसे अवसादग्रस्त कर देती। सरोज उसे फिर आँखें दिखाती तो वह सहमकर सामान्य होने की कोशिश करती। पर अन्दर की पीड़ा साफ चेहरे पर झलकने लगती। उसे देखकर सरोज भी पिघल जाती और उसे सीने से लगाकर पुचकारने लगती।

देहरादून पहुँचते ही सरोज रानी को लेकर सीधे संस्था कार्यालय जा पहुँची। आगंतुकों के लिए यहाँ ठहरने, नहाने, धोने आदि की सारी व्यवस्था थी। यहाँ तक कि नाश्ते व खाने-पीने तक की। जब तक रामप्रकाश जी दफ्तर पहुँचे, सरोज और रानी सारे नित्य कर्मों से निपटकर तैयार बैठे थे। आते ही चिर-परिचित मुस्कान के साथ राम प्रकाश जी ने सरोज और रानी का अभिवादन किया और फिर अचानक ही वह गंभीर हो गए। उनकी नजरें रानी पर ठिठक कर रह गई। कुछ देर ऐसे संज्ञा शून्य से कि वह उन्हें बैठने को कहना भी भूल गए। फिर अचानक अपने को सँभालते हुए कहीं खोए से सरोज से बोले-''बैठो-बैठो। यह कौन है रानी!''

सरोज ने सिर हिलाते हुए कहा-''जी।'' पर वह अन्दर से कुछ संशयग्रस्त सी लगी। उसे लगा जैसे राम प्रकाश जी उन्हें तवज्जो नहीं दे रहे हैं। उन्होंने तो और कुछ पूछा ही नहीं। खुद ही तो जोर देकर बुलवाया था। और अब अनमनेपन से बस नाम भर पूछा।

पर रामप्रकाश जी रानी को देखते ही अन्दर से छटपटा उठे थे। उनकी आँखें डबडबा आईं। पर जाहिर न हो, इसलिए उन्होंने झट दराज से एक फाइल निकाली और उसके पन्ने पलटने लगे।

सरोज को सदमा सा लगा। इतनी दूर से बुलवा लिया, लेकिन अब नजरें भी चुरा रहे हैं। कैसे आदमी हैं! वह उनके बारे में कुछ और अनर्गल सोचती, अचानक रामप्रकाश जी ने भरी आँखों से सरोज की ओर देखा और रुंधे गले से बोले–

"मेरी भी एक ऐसी ही बेटी थी। पर हफ्ते भर भी नहीं रुकी। हमें छोड़कर चली गई। उसी की याद में मैंने यह संस्था शुरू की है। उस बेटी की तो मैं सेवा नहीं कर पाया, अब आगे और बेटियों की सेवा तो कर सकूँगा।"

सरोज आत्मग्लानि से भर गई। इस महामानव के लिए मैं क्या सोचने लगी थी। क्या हो गया मेरी सोच को। घर में पति से लेकर बाहर लोगों को तो मैं खूब उलाहना देती फिरती हूँ। पर यहाँ तो मैं आज उनसे भी कहीं नीचे उतर आई। कैसी पढ़ी-लिखी हूँ मैं, कैसी शिक्षक! रामप्रकाश जी के लिए उसका दिल और भी आदर से भर गया। उन्हें कुछ जताए बिना सरोज बोल पड़ी–

"रानी के इलाज की व्यवस्था हो जाएगी न?" वह कुछ और बोलती रामप्रकाश जी ने सारी शंका दूर कर दी।

"बिलकुल हो जाएगा। रानी बिटिया के इलाज पर जो भी खर्चा आएगा, उसे हमारी संस्था वहन करेगी। यह अब आपकी परेशानी का विषय नहीं हमारा टेंशन है। रानी बेटी अब हमारे जिम्मे। पर एक शर्त आपको और पूरी करनी होगी।" वह मुस्कुराते हुए बोले।

सकपकाई सरोज बोली–"शर्त!"

राम प्रकाश जी थोड़ी देर मौन साधे रहे। एक फाइल के पन्ने पर अपनी नजरें गड़ाए हुए। फिर प्यार से बोले–"अपना मानो तो मामूली सी है शर्त, नहीं तो मुश्किल। बेटा, रानी बिटिया सचमुच रानी बन जाए, तो हम संस्था के लोगों को मिलना मत भूलना। लोग तो काम निकलते ही भूल जाते हैं। यहीं कई लोग

आते हैं, पर कुछ ही हैं जो लौटकर आए और सालों बाद भी रिश्ता बनाए हुए हैं। बाकी तो सुध भी नहीं लेते हैं। पर अब तो इंसान और पेशेवर हो गया है। बस काम तक ही मतलब। संवेदनाएँ खत्म हो गई हैं। इसलिए सहकार और सरोकार भी खत्म हो रहे हैं। दुनिया बस घर तक और अपने बच्चों तक सिमट कर रह गई है।

सोलह

रिश्ते खून के ही नहीं भावनाओं के भी होते हैं, और इन रिश्तों की तासीर तो खूनी रिश्तों से भी बड़ी होती है। आज यही रिश्ता काम आया। कई जिन्दगियों की डोर बँधी है इस रिश्ते से। यह रिश्ता न हो, तो कैसे चले दुनिया। कायनात की यह काया भी तो इसी रिश्ते पर टिकी है। सूरज का आकाश से, आकाश का धरती और धरती का पानी, हवा से और इनका वनों से और जीव-जन्तुओं से यही तो रिश्ता है। लेकिन इनमें सबसे ऊपर मानव जाति ही आज इस रिश्ते से कटती जा रही है। सरोज विचारों की इन्हीं अतल गहराइयों में गोते लगा रही थी कि अचानक कमरे की घंटी बजी। वह हड़बड़ाकर उठी। दरवाजा खोला तो देखा—चपरासी खड़ा था। वह बोला—

"साहब ने बुलाया है। दस-पन्द्रह मिनट में ऑफिस पहुँच जाइयेगा।"

सरोज ने घड़ी देखी शाम के चार बज गए थे। रामप्रकाश जी से दिन में मुलाकात के बाद सायं साढ़े चार बजे फिर मिलना तय हुआ था। दोपहर खाना खाने के बाद वह यहीं कमरे में आराम करने लगे। रानी की तो आँख लग गई, लेकिन सरोज बस विचारों में मग्न थी। हाथ-मुँह धोया और फिर रानी को लेकर वह रामप्रकाश जी के पास चली आई।

"ये लीजिए आपकी अमानत।" रामप्रकाश जी ने डेढ़ लाख का चैक थमाते हुए कहा। फिर बोले-"और जरूरत पड़ी, तो वह भी संस्था दे देगी। बस अब चंडीगढ़ की तैयारी कीजिए। वहाँ बातचीत हो चुकी है। दस दिन का समय दिया गया है। ठीक दूसरे शुक्रवार को ऑपरेशन की तिथि तय की गई है। हमारी ओर से हार्दिक शुभकामनाएँ। बाकी हम आपसे सम्पर्क बनाए रखेंगे।" सरोज हैरान थी। हाथों हाथ काम हो गया। साथ ही बाकी सारी औपचारिकताएँ भी। यहाँ तो एक दिन भी नहीं रुकना पड़ा। उसने रामप्रकाश जी का दिली आभार जताते हुए ज्यों ही विदा लेने की इजाजत माँगनी चाही वह खुद ही बोल पड़े-

"आज रात आप लोगों का खाना हमारे घर। रात को ड्राइवर यहीं छोड़ देगा। सुबह आराम से निकल जाइयेगा। यह अनुरोध नहीं बेटियों के लिए एक बाप का आदेश है।" वह इनकार नहीं कर सकी। रात के थके तो थे ही, सोचा आज आराम कर सुबह निकल जाएँगे। यह ठीक रहेगा।

अगले दिन सरोज रानी को लेकर बिनगढ़ रवाना हो गई। गाँव पहुँचते ही आनंद सिंह की घर आई महिलाओं ने पूरे इलाके में खबर कर दी-

मास्टरनी जी रानी के ईलाज का बंदोबस्त कर आई है।

साथ ही पैसे का भी । बीस–तीस हजार भी नहीं पूरे डेढ़ लाख। चारों तरफ मास्टरनी जी की जयकार होने लगी। जो लोग कल तक उसकी काट करते नहीं अघाते थे, वह भी आज उसके प्रशंसक थे। रातोंरात उसके सारे ऐब खूबियों में बदल गए। गाँव–इलाके भर में उसी की चर्चा थी। मास्टरनी जी देवी हैं। सबकी जुबान पर यही लफ्ज थे। रानी बेटी बाहर जा रही थी इलाज के लिए। इसलिए बारी–बारी उसे आशीर्वाद देने वालों का तांता लग गया। वे रानी के लिए दुआएँ दे जाते और मास्टरनी जी को ढेर सारा साधुवाद।

सत्रह

अजब है ये साँसारिक रंगमंच भी। कभी कोई अर्श में तो कभी फर्श में। यहाँ सलामी सिर्फ चढ़ते सूरज को ही मिलती है। यहाँ जो जीता, वही सिकंदर। उसका तो फिर हर ऐब भी हुनर लगने लगता है और जो रह गया उसकी तो खूबियाँ भी खलने लगती हैं। सरोज हैरान थी। अजब हैं ये लोग भी। कल तक वह उन्हें फूटी आँख नहीं सुहा रही थी और आज वह उन्हें साक्षात देवी नजर आ रही है। विनीत भाव से ऐसे झुके जा रहे हैं, मानो अपने महा-अपराध का प्रायश्चित्त करने आए हों। ये तो बड़े भले लोग लगते हैं। न मालूम क्यों कभी बहकी बातें करने लगते हैं। ऊल-जलूल बकने लगते हैं! बड़ी हैरानी से सरोज बोली।

पर आनंद सिंह के लिए तो यह सब सामान्य सी बात थी। रोजमर्रा की। उनकी तो उम्र गुजर गई यही देखते-देखते। इसीलिए

होठों पर हल्की मुस्कान तैर आई और धीरे से बोली–

"ऊल-जलूल ये नासमझ लोग नहीं बकते भुली। वह तो कम्बख्त बोतल बकने लगती है। आदमी तो कोई बुरा नहीं है। पर क्या करें शराब पीकर बिल्कुल ही राक्षस हो जाते हैं। कुछ नहीं दिखता फिर भला-बुरा इन्हें। खूब गाली-गलौज कर लेंगे। लड़-झगड़ लेंगे, पर सुबह उठते ही पैर पकड़कर माफी भी माँग जाएँगे। बस फिर मन में कुछ नहीं। सारे गिले-शिकवे दूर।" यह बात सुन सरोज भी हँसने लगी।

रानी के चंडीगढ़ जाने में अभी चार दिन बाकी थे, तो सरोज ने सोचा दो दिन घर हो आती हूँ। वहाँ बच्चों से मिलना भी हो जाएगा और पति व सास को बता भी दूँगी कि रानी के ईलाज के लिए पैसों का बंदोबस्त हो गया है।

उधर कुछ लोगों ने सलाह दी कि बिटिया इलाज के लिए जा रही है, तो थोड़ी-बहुत पूजा-पाठ शुभ शगुन होना जरूरी है।

बात तो सही है और लोगों ने कहा। पर अन्तत: यह तय हुआ कि अभी तो दस्तूरभर निभा लिया जाए। फिर जब रानी बिटिया राजी-खुशी आ जाएगी, तो गाँव इलाके की सामूहिक पूजा करा लें। देवी-देवता और अपने इष्ट की पुजाई हो जाएगी और एक सामूहिक भोज भी।

रानी की माँ के लिए तो असली इष्ट यह मास्टरनी जी ही थी। बोली–"बिल्कुल ठीक है पर मैं पहले आरती इसी की उतारूँगी और जीवनभर उतारती ही रहूँगी।"

"अब बस भी करो दीदी। सब ऊपर वाले की कृपा है। उसका शुक्रिया अदा करो।" सरोज बोली। फिर बड़े विनीत भाव से अपने घर हो आने की अनुमति ली। अगले दिन सुबह ही की गाड़ी से वह घर रवाना हो गई।

"मिल गई फुर्सत!" पति ने पहुँचते ही ताना मारा।

पर सरोज का मन तो आज प्रफुल्लित था। उस पर इस ताने का जैसे कुछ असर ही नहीं हुआ। वह प्यार से बोली–

"कभी तो ठीक से बोल लिया करो प्लीज! हमेशा पिए जैसे ही रहते हो। तुमसे तो वो गाँव के पियक्कड़ भले हैं। दो–चार घंटा शाम को भले बवाल काट लें, पर अगले दिन पश्चात्ताप के बोझ से उनकी गर्दन नहीं उठती । खैर छोड़ो, गुस्सा थूको। रानी के ईलाज के लिए पैसे की व्यवस्था हो गई। बस अब अगले हफ्ते चंडीगढ़ में उसका ऑपरेशन होना है।"

यह सुनते ही सास बोली–"चलो उस अभागिन के अब भाग तो खुल जाएँगे। मैंने तो जब से उसे देखा, मेरा तो मन ही उचाट हो गया। भगवान कभी दुश्मन के साथ भी ऐसा न करे।"

सरोज के पति पैसे की व्यवस्था हो जाने से बड़े हैरान थे, लेकिन कैसे बंदोबस्त हुआ, यह पूछने के बजाय वह बोले–"तुम तो ऐसे खुश हो रही हो, जैसे पैसे तुम्हें अपने लिए मिल गए।"

सरोज आज उलझने के कतई मूड में नहीं थी। उसने सुनी की अनसुनी कर दी। फिर बच्चों से बतियाने लगी! दो दिन बाद ही चली आई वापस बिनगढ़। गाँव में अजीब सी बेचैनी भरी खामोशी पसरी पड़ी थी। कभी ऐसे गाँव से बाहर जाना ही नहीं हुआ। लड़के तक, कभी पढ़ाई, नौकरी को बाहर नहीं गए। कोई रोजगार में बाहर था नहीं । फिर लड़की जात, उनकी तो बस डोलियाँ ही सजकर निकलती थी। उसमें भी दो–तीन दिन तक गाँव–घर में रोना–धोना ही मचा रहता।

आज भी वही माहौल था। चलने की तैयारी हुई, तो रानी की माँ फूट–फूटकर क्या रोई कि उसे सँभालना तो दूर बाकी औरतें भी रोने–धोने लगी। कोई रानी के सिर में हाथ फेरता, तो कोई उसे गले लगाता। रानी खुद भी भावुक हो गई। इससे पहले उसने कभी ऐसा देखा ही नहीं। उसे छूना तो दूर, लोग

उसकी छाया तक से परहेज करते। छोटे बच्चे कहीं डर न जायें, लोग उससे उनकी नजरें बचाकर ले जाते, तो बहू-बेटियों को भय सताता फिरता कि कहीं पेट में पल रही जान पर उसका साया न पड़ जाये।

दुश्मन को भी न मिले ऐसी काया! माँ-बाप अलग रोया करते। रानी इस मूढ़ दुनिया के ये गूढ़ भाव तो नहीं पढ़ पाती थी, लेकिन वह यह समझने लगी थी कि लोग उससे ऐसे बचते हैं मानो उसे कोई कोढ़ हो गया हो। आज सब हैं कि उससे लिपटे जा रहे थे। वह फिर छटपटा उठी लेकिन अपने को फिर उसने संभाल लिया। सरोज ने उसे काफी मजबूत बना दिया था। बड़ी मुश्किल से विदाई हुई और तमाम औरतें, बच्चे, आदमी जब तक गाड़ी चल न दी, उसे घेरे खड़े रहे। देखते ही देखते सरोज, आनन्द सिंह और रानी गाड़ी में बैठकर आँखों से ओझल हो गए।

अट्ठारह

कमाल है इस धराधाम का मायावी खेल भी। देह और नेह जब तक हैं, तो उनकी परवाह ही नहीं। और जब ये छूटते हैं तो फिर छटपटा उठता है आदमी। आज रानी भी छूट गई थी, तो छूटने की यह कसक सबको साल रही थी। उन्हें भी, जो उसे देख मुँह बिचकाया करते थे, छटपटाहट रंग-रूप नहीं देखती। यह काया-माया भी नहीं जानती। यह अंदर से उभरती है और बह चलती है। पावन गंगा की तरह। काश! हमेशा बनी रहती यह छटपटाहट। सरोज विचारों में खो गई। पहलू में बैठी रानी बड़े कौतूहल से बाहर का नजारा देखने में व्यस्त थी। पीछे आनंद सिंह अपने किसी सहयात्री के साथ बातों में मग्न थे।

जोर के झटके के साथ गाड़ी रुकी तो लगा, कोई पड़ाव आ गया। क्लीनर सीट से उठकर बोला—

"चलो जिसे जो खाना हो, खा लो। फिर आगे गाड़ी नहीं रुकेगी।"

सरोज, आनंद सिंह व रानी भी बाहर उतर गए। भूख थी नहीं । घर से रानी की माँ ने जबरन ठूँसकर खिला दिया था। बोली थी–"पेट में कुछ रहेगा, तो उल्टी नहीं होगी।" साथ में रास्ते के लिए भी बँधवा दिया।

"चलो चाय, नाश्ता कर लेते हैं।" आनंद सिंह बोले।

सरोज ने आलू-रायते की पेशकश की, तो रानी झट से बोल उठी–"हाँ मैं भी आलू, रायता ही खाऊँगी।"

लम्बे थकाऊ रास्ते और गाड़ी के हिचकोलों से सिर भी घूमने लगा था। आनंद सिंह बोले–"मेरा भी चटपटा ही खाने को मन कर रहा है।" वहीं बैठे-बैठे वह बातों में मशगूल हो गए।

गाड़ी स्टार्ट कर थोड़ी देर बाद ड्राइवर हार्न बजाने लगा। क्लीनर ने आगाह करना शुरू किया–"चलो भई चलो, जल्दी करो देर हो रही है।" फिर उसने एक-एक सीट की जानकारी ली और लम्बी सीटी के साथ गाड़ी आगे चल दी।

चंडीगढ़ पहुँचते ही सरोज ने सबसे पहले बिनगढ़ फोन मिलाया। रानी की माँ से बात करने को कि वे सकुशल वहाँ पहुँच गए हैं। आनंद सिंह की भी बात हुई–"कोई चिन्ता फिक्र की बात नहीं । मास्टरनी भुली साथ में हैं ही, बाकी फोन करते रहेंगे। रानी भी ठीक है, लो बात कर लो।"

रानी ने भी माँ से बात की। पहला मौका था माँ से दूर और घर से बाहर होने का। उसकी आँखें डबडबा आईं। बस हाँ-हूँ में ही उसने बात पूरी कर दी। बस अड्डे से सीधे वह तीनों सीएमसी हॉस्पिटल चल दिए। अस्पताल परिसर में पहुँचे, तो लोगों से पूछकर प्लास्टिक सर्जरी विभाग तक जा पहुँचे।

सरोज ने धीरे से दरवाजा खोला और अंदर आने की इजाजत ली।

"आइए-आइए," प्लास्टिक सर्जन डॉ. सुरेश दुग्गल ने उनका गर्मजोशी से अभिवादन किया।

सरोज ने परिचय दिया–"देहरादून से रामप्रकाश जी ने भेजा है।" वो आगे कुछ बताती, डॉ. दुग्गल बीच में ही बोल पड़े–"ओके. ओके. मैं समझ गया। अभी आधा घंटा पहले ही उनका फिर फोन आया था। पूछ रहे थे पहुँचे कि नहीं? खैर कहाँ है बेटी!" उन्होंने सवाल किया ।

डॉ. साहब को नमस्कार करते हुए आनंद सिंह ने अपने पीछे दुबकी खड़ी रानी को आगे कर दिया।

"ओह माई गॉड!"

कहकर डॉक्टर दुग्गल कुछ देर तक रानी को देखते रह गए। फिर कुर्सी से उठे और रानी की पीठ पर हाथ रख उन्होंने कुर्सी सरकाते हुए उसे बैठने को कहा। फिर ठोढ़ी से लेकर आँख, नाक, दाँत का गौर से जायजा लिया। करीब पन्द्रह मिनट वह बारीकी से जाँच में लगे रहे। डॉक्टर साहब बीच-बीच में धीरे-धीरे अपना सिर हिलाते जाते। लगता जैसे एक-एक चीज पढ़ने के साथ वह समझते भी जा रहे थे।

सरोज की नजर डॉक्टर के हाव-भाव और उनके चेहरे की गंभीर मुद्रा पर ही अटकी थी। कहीं मना न कर दें डॉक्टर साहब। यह शंका भी बेचैनी बढ़ाने लगी थी। कुछ देर बाद डॉक्टर दुग्गल ने गहरी साँस ली, और बोले–

"चलो करते हैं कोशिश। ईश्वर कृपा से सब ठीक हो जाएगा। अस्पताल में ही सारी सुविधाएँ हैं, विशेषज्ञ हैं । हम कोई कसर नहीं छोड़ेंगे। बाकी ऊपर वाले की मर्जी।" उन्होंने इलाज में खर्च का मोटा-मोटा हिसाब भी बता दिया। पैसा अपनी

व्यवस्था के भीतर ही था। फिर संस्था ने जरूरत पर और मदद का भरोसा भी दिया था।

"ठीक है डॉक्टर साहब! आपका बहुत-बहुत शुक्रिया, पैसे की कोई बात नहीं। हमने व्यवस्था कर रखी है। बस हमारी रानी बिटिया ठीक हो जाए। यह अब आपके ही भरोसे है। हमारे तो आप ही भगवान हैं। आप लोगों की कृपा से इस बेचारी को नई जिंदगी मिल जाएगी।"

हाथ जोड़ते हुए आनंद सिंह भी बोल पड़े–"बस बिटिया ठीक हो जाए डॉक्टर साहब! हमें और कुछ नहीं चाहिए। जिन्दगी भर हम आपके ऋणी रहेंगे।"

उन्नीस

इस धराधाम में डॉक्टर ही असली भगवान हैं। उनमें जीवन बचा लेने से लेकर मौत के मुँह से खींच लाने तक की कूवत है। वही दुःख दर्द-पीड़ा हरने वाले मरीज की आस उन्हीं पर टिकी रहती है। वही नया जीवन देते हैं! इसी आस में सरोज और आनंद सिंह ने रानी को उनके हाथों में सौंप दिया।

आज ऑपरेशन है रानी का। सरोज और आनंद सिंह ऊपर वाले से दुआ माँग रहे थे। भगवान ठीक कर देना अपनी रानी को। नहला-धुलाकर रानी के कपड़े बदलवाए गए। उसे पहनने को अस्पताल से ही हरे रंग की पोशाक दी गई। सुबह साढ़े नौ बजे ऑपरेशन थिएटर में ले जाने से पहले सरोज और आनंद सिंह से उसे मिलवाया गया। डॉ. दुग्गल ने ढाढस बँधाया-''सब कुछ ठीक हो जाएगा। अब आप लोग जाओ, शाम तीन-चार बजे तक आराम करो। हम तुम्हें इत्तला कर देंगे।''

दिनभर ऑपरेशन चलता रहा। शाम चार बजे डॉक्टर बाहर निकले।

''ऊपर वाले का शुक्रिया। रानी बिटिया का ऑपरेशन सफल रहा।'' डॉक्टर दुग्गल बोले। ''लेकिन अभी आप उनसे नहीं मिल सकते। छह सात बजे मैं बताऊँगा, तभी मुलाकात हो पाएगी। वह भी बाहर शीशे से ही आप लोग उसे देख सकेंगे। अभी कुछ दिन मिलना-जुलना नहीं हो पाएगा। इन्फेक्शन का डर रहता है। नई स्किन है। शरीर के साथ एडजस्ट होने में समय लगता है। अभी तो वह कुछ दिन हमारी सघन निगरानी में ही रहेगी। हालाँकि हमने कोई कोर कसर नहीं छोड़ी है, लेकिन फिर भी देखना पड़ता है कि शरीर उसे स्वीकार कर रहा है या नहीं। यह शरीर का बेहद संवेदनशील मामला है। बस यह ठीक हो गया तो सब कुछ ठीक।''

''बहुत-बहुत मेहरबानी डॉक्टर साहब। आपका लाख-लाख शुक्रिया और ऊपर वाले का भी। चलो, हमारी बिटिया तो ठीक हो जाएगी। इतने साल से सब्र किए आ रहे हैं, अब दो-तीन दिन और क्यों नहीं करेंगे।'' आनंद सिंह भरे गले से बोले।

डॉक्टर साहब आनन्द सिंह के कंधे पर हाथ रखकर बोले-''सब ठीक हो जाएगा। बस धैर्य रखो।''

खुशी-खुशी सरोज और आनंद सिंह वार्ड से बाहर निकल आए और ऑपरेशन हो जाने की सूचना उन्होंने तत्काल फोन पर बिनगढ़ में रानी की माँ को दी। वहीं पास ही कैंटीन में बैठकर उन्होंने चाय पी और बतियाते रहे। शाम सात बजे के करीब सरोज डॉक्टर साहब के पास पहुँची, तो डॉक्टर दुग्गल ने उन्हें वहाँ इत्मीनान से बैठने को कहा। फिर उन्हें सघन चिकित्सा कक्ष के उस विशेष वार्ड में ले गए, जहाँ रानी को ऑपरेशन के बाद रखा गया। बाहर शीशे से ही उन्हें देखने की इजाजत मिली। दस-पंद्रह मिनट बाद वे लोग बाहर चले आए।

''भुली, रानी के खाने का क्या होगा? सुबह से पानी तक

नहीं पिया है उसने। मुँह तो बँधा पड़ा है उसका, कैसे खाना खाएगी?" बेटी के लिए पिता की पीड़ा बाहर निकल आई।

सरोज ने समझाया–"डॉक्टर साहब व्यवस्था करेंगे।कुछ तो देंगे ही। आओ चलो मालूम कर आते हैं।" दोनों, डॉक्टर दुग्गल के पास चले आए।

"नहीं अभी ऐसा कुछ नहीं देना, जिससे मुँह पर जोर पड़े। सब लिक्विड फार्म में । कब कैसे देना है वह हम देखेंगे। आप बिल्कुल चिन्ता न करें।"

"ठीक है डॉक्टर साहब, अब कोई झक–झक नहीं। आनंद सिंह का जैसे बहुत बड़ा बोझ मन से उतर गया। आश्वस्त होकर दोनों अस्पताल परिसर से बाहर निकल आए और फिर पहली बार इतने शांत मन से शाम को इधर–उधर घूमे। रानी की माँ को फोन किया। लगे हाथ सरोज ने अपने घर भी बात की। फिर खाना खाया और सरोज वहीं अस्पताल परिसर में वार्ड के बाहर ही बेंच पर लेट गई। मन तो आनंद सिंह का हो रहा था वहाँ बेंच पर लेटने का, ताकि रात में उठ–उठकर वह रानी को देखते भी रहेंगे। मन को सुकून रहेगा कि बेटी पास ही है। फिर मास्टरनी जी बेचारी तो इतनी भागदौड़ करती रही कि अच्छा भला आदमी भी पस्त हो जाए। बेचारी ने इतना बड़ा काम करवा दिया। कम से कम अब तो आराम से उसे सोने को मिले।

उन्होंने सरोज से कमरे में चले जाने का आग्रह भी किया। पर वह कहाँ मानने वाली थी। फिर पास ही बेंच में एक और महिला का साथ मिल गया। उसकी छोटी बहन वहीं भर्ती थी।

सास से किसी बात पर तुनक कर इस पगली ने मिट्टी तेल डालकर आग लगा ली। गनीमत रही कि घरवालों ने बचा लिया। फिर भी तीस परसेंट जल गई। डॉक्टर कहते हैं बच जाएगी। चेहरा ज्यादा झुलस गया। उसी के इलाज के लिए यहाँ लाए हैं। महिला ने सरोज को अपनी पीड़ा बताई और सरोज

ने अपनी व्यथा-कथा।

"चलो साथ हो गया। अच्छा है समय कट जाएगा दोनों का। मैं चलता हूँ। कोई बात होगी, तो बुलवा लेना।"

यह कहकर आनंद सिंह कमरे में चले गए। जब तक वह वहाँ रहे, यही सिलसिला चलता रहा। एक-दूसरे से बतियाते रात आराम से कट जाती। दु:ख और बेसब्री की घड़ी में यही सबसे बड़ा संबल होता है।

बीस

कहते हैं जो घटनाएँ हमें उद्वेलित करती हैं। अन्दर छटपटाहट पैदा करती हैं, वही व्यवस्थित-अव्यवस्थित रूप में गाहे-बगाहे सपनों में उतरती रहती हैं। स्वप्निल दुनिया के इस रहस्य को विज्ञान अचेतन मन द्वारा चेतन मन के बोझ को हल्का करने की जुगत बताता है, तो पराविज्ञान इसे आगे घटित होने वाली घटनाओं की आहट से जोड़ता है। सरोज को भी यह सपने भविष्य की आहट दे रहे थे। वह जिन झंझावातों से जूझ रही थी, वही उसके सपनों का ताना-बाना बुन रहे थे। उसकी जब भी आँख लगती, रानी सपनों में चली आती। सुन्दर खिले फूल सी। और फिर खुशहाल भविष्य का पूरा खाका खिंच आता। बिल्कुल जीवंत। मानो सब कुछ हकीकत में घट रहा हो। ईलाज से लेकर आगे भविष्य का क्रमवार ब्यौरा नजरों के सामने फिल्म सा उतर आता। वह

देखने लगती–

डॉक्टर धीरे-धीरे बहुत ही सँभल कर रानी के चेहरे की पट्टी उतार हैं। पट्टी उतरते ही वह खुशी से उछल पड़ती है। सफल रहा ऑपरेशन । रानी जी बधाई। ऊपर वाले की कृपा रही हम सब पर। फिर सरोज और आनंद सिंह जी को बधाई दी गई।

"हाय! कितनी सुंदर हो गई मेरी बेटी," सरोज बोली।

जवाब में रानी ने शुक्रिया जताते हुए प्यार भरी मुस्कान बिखेरी। और ज्यों ही उठकर उसने सरोज को गले लगाने की कोशिश की, उसकी नींद खुल गई। बड़ा सुखद सपना था।

भगवान मेरी लाज रख देना। सरोज ने मन ही मन ईश्वर को याद किया। अब तो उसकी नींद ही उड़ गई। थोड़ी देर वह वहीं बरामदे में टहली, फिर नित्य कर्मों से निवृत्त होने के साथ ही उसने नहा-धो भी लिया। तब तक उजाला हो आया। उसने अपने इस सपने के बावत आनंद सिंह को भी बताया।

वह बोले–"भुली, शुभ शगुन मिलने लगे हैं। भगवान तुम्हारा भला करे। सब कुछ ठीक ही होगा।"

अगली रात को फिर वही सपना।

सरोज आईना लेकर पहुँची थी रानी के पास और जीवन का सबसे बड़ा तोहफा देते हुए प्रफुल्लित होकर बोली–"लो देख जरा अपनी सूरत, कितनी प्यारी लग रही है मेरी बेटी।"

रानी को जैसे यकीन ही नहीं हो रहा था। "ये मैं ही हूँ क्या, मास्टरनी जी! तब तो मैं सचमुच सुंदर हो गई हूँ रुकमा जैसी ही।"

"उससे भी सुंदर पगली।" सरोज के दिल की खुशी जुबान पर उतर आई। "अब तो वाकई रानी लग रही है मेरी बिटिया। सुंदर रानी बिल्कुल परियों जैसी।"

"तब तो अब सब मुझसे प्यार करेंगे न! मम्मी-पापा कितने खुश होंगे! अब मैं उन्हें कभी नहीं रुलाऊँगी। सब जगह

जाऊँगी। उनकी हर बात मानूँगी। बात-बात पर गुस्सा नहीं करूँगी। खूब पढ़ूँगी-लिखूँगी और फिर आप ही की तरह लोगों की सेवा करूँगी।''

भावनाओं का ज्वार रुकने का नाम ही नहीं ले रहा था। बाँध टूटते ही पथराई नदी जैसे उफन पड़ी हो। पानी की लहरें जैसे तटबंध तोड़ने पर आमादा हों। पिंजड़े से छूटे पंछी की तरह आज वह खुले आकाश में उन्मुक्त उड़ान भरने को आतुर थी।

इक्कीस

काया की माया भी अजब है। कल तक जो बच्ची सहमी-सिमटी सी थी। आज कैसी चहचहा रही है। ख्वाहिशें कैसे कुलांचे भरने लगी हैं। ठगी सी सरोज एकटक रानी को देखती रही। उसकी चुहलबाजियों पर मुग्ध, उसकी उमंग से दंग। कितना गहरा रिश्ता है तन का मन से। वह इसे अपनी आँखों के आगे प्रत्यक्ष देख रही थी। शायद तन-मन की इसी जुगलबंदी का नाम जिंदगी है। फूल सुंदर ही नहीं होंगे, तो मनोहारी कैसे लगेंगे! कैसे उनका वंशक्रम आगे चलेगा? कुदरत का यह जीवनचक्र भी तो इसी कायिक सुंदरता की ही देन है। इसी सुंदरता से आकर्षित होकर कीट, पतंगें, पक्षी आदि सभी फूलों में परागण करते हैं। मोर की थिरकन भी इसी कायिक सुंदरता का प्रदर्शन ही तो है। मनुष्य के तो जीवनरंग का यह आधार ही है।

कुदरत के इस खेल से अभिभूत सरोज कभी रानी के रूप की सराहना करती, तो कभी उससे चुहलबाजियों में लग जाती। उसके सुंदर भविष्य, शादी, भावी पति और बच्चे, न जाने क्या-क्या ख्वाब उसको लेकर बुनती । कभी-कभी सपने में देखती रानी कैसे यूनिवर्सिटी में सबकी दुलारी हो गई है। चारों ओर उसी की सुन्दरता के चर्चे हैं। साथ में सरोज की भी तारीफों के पुल। कभी वह सपने में उसकी पढ़ाई के हुनर देखती। कभी ग्रेजुएशन, पोस्ट ग्रेजुएशन में वह यूनिवर्सिटी टॉप करते दिखती, तो कभी पहले ही प्रयास में सिविल सर्विसेज क्वालिफाई करती।

कल तक घर के भीतर ही दुबकी रहने वाली रानी आज गाड़ियों में फर्राटें भर रही थी। लोग कहते, यह तो साक्षात देवी का अवतार है। देखो पहले उसका वह रूप था और आज ये रूप! गाँव वाले उसकी प्रशंसा करते न अघाते थे।

बाईस

अजीबोगरीब हैं ये सपने भी। कभी गुदगुदाते हैं, हौसला देते हैं। आगे बढ़ने का जुनून जगाते हैं, तो कभी रूप बदलकर आसन्न अनिष्ट की आशंका भी चुपके सरका जाते हैं। दिखते बड़े रंगीन हैं, पर होते उतने ही संगीन हैं। सरोज बेचारी को क्या मालूम, कि जो सपने उसे दो-तीन दिन से सब हरा ही हरा दिखा रहे थे, वह अपने पीछे भयानक पतझड़ की त्रासदी लेकर आ रहे हैं।

"सॉरी मैडम, बड़ा अनर्थ हो गया। तमाम प्रयत्नों के बाद भी हम आपकी रानी को नहीं बचा पाए।"

आईसीयू के बाहर बेंच पर भारी उधेड़बुन में बैठी सरोज के कानों में ज्यों ही डॉ. दुग्गल के शब्द पड़े, वह जोर की चीख के साथ वहीं बेंच पर लुढ़क पड़ी। लगा जैसे किसी ने पूरी ताकत से सिर पर हथौड़ा दे मारा हो। आज शाम से ही

उसका मन खिन्न सा था। आनंद सिंह जी के काफी जोर करने के बावजूद वह शाम को बाहर टहलने भी नहीं गई।

''थोड़ी कमर सीधी हो जाएगी। अस्पताल में तो अच्छा-भला आदमी भी बीमार हो जाता है। यूँ ही बैठी रहोगी तो तबियत बिगड़ जाएगी। और ऐसे हो भी क्या जाएगा? बुखार है तो दवा पानी से ही उतरेगा। और फिर डॉक्टर लोग तो हैं ही देखने के लिए। चल मन भी हल्का हो जाएगा।'' बड़ा आग्रह किया आनंद सिंह ने।

पर नहीं मानी सरोज। आज तो उसने खाना भी नहीं खाया। पास वाले बेंच पर लेटी महिला से और दिन बतियाती रहती थी, पर आज उससे बात करने का कतई मन भी नहीं हुआ। उसे गुम-सुम देख एकाध-बार उस महिला ने टोका भी–

''क्या आज तबियत ठीक नहीं है, कुछ बोल नहीं रही हो?''

''नहीं ठीक है।'' बस इतना कह वह फिर चुप्पी साध लेती।

बीच-बीच में आनंद सिंह उसको ढाढस बँधाते, पर आज उनमें भी वो हँसी-ठिठोली, वो ठसका नदारद था। आँखों से नींद भी गायब। आज वह भी सरोज के पास ही बैठे रहे। बीच-बीच में हल्की-फुल्की बात भी होती और फिर सन्नाटा पसर जाता।

डॉक्टर भी शाम से ही आज कुछ ज्यादा भागदौड़ में थे। एकबार एक नर्स बता गई, रानी को थोड़ा साँस लेने में तकलीफ हो रही है। बुखार भी कुछ ज्यादा है। इसलिए डॉ. दुग्गल अपने सहयोगियों के साथ खुद नजर रखे हुए हैं। बीच में एक बार वह भी बाहर आए पर उड़ते-उड़ते से। कह गए चिन्ता मत कीजिए। थोड़ा बुखार बढ़ा है। साँस की भी तकलीफ है। हमलोग देख रहे हैं।

पर अब अचानक यह क्या हो गया! आनंद सिंह भी कुछ पल के लिए जड़ से हो गए। हालातों ने हालाँकि उन्हें काफी मजबूत बना दिया था लेकिन थे तो वह भी बाप ही। बेटी की असमय विदाई कैसे बर्दाश्त कर लेते? जैसी भी थी, थी तो अपना खून ही। वह इतने साल भी जी पाई तो सिर्फ आनंद सिंह की ही वजह से। खुद घर परिवार के लोग ही कहते-क्या करेंगे इसे पालकर? अपना तो नरक भोगेगी ही, माँ-बाप को भी जीते जी नरक दिखा जाएगी। लगती ही नहीं कहीं से मनखी की औलाद। ऐसी कुरूप, वह भी लड़की जात। पर भड़क गए थे आनंद सिंह। क्या अपने हाथों बेटी का गला घोंट दूँ! अरे हत्यारा नहीं बाप हूँ बाप। जैसी भी है मैं पाल लूंगा। लेकिन नियति ने उसे खुद ही आज बाप से जुदा कर दिया।

"बेटा, क्या पापा पर इतना बोझ बन गई थी तू, जो छोड़कर चल दी। ये भी नहीं सोचा, मुझ पर क्या गुजरेगी? तेरी माँ को क्या जवाब दूँगी? कह भी रही थी, कहाँ ले जा रहे हो मेरी बेटी को? अरे मास्टरनी जी का ही लिहाज कर लेती! क्या रिश्ता था उसका तुझसे! पर माँ-बाप से ज्यादा पीड़ा थी तेरी उसको? यही ख्याल कर लिया होता।" बस इतना बुदबुदाए आनंद सिंह और फिर ऊपर अस्पताल की छत में कहीं उनकी नजरें खो गई।

सरोज बिलकुल ही निढाल सी पड़ गई। समीप बैठी महिला ने उसे झकझोरते हुए कहा, "अरे भाई जी इसे क्या हो गया है देखो!" देखते ही देखते वहाँ मजमा लग गया। आनंद सिंह घबरा गए। ये क्या हो गया! उधर बेटी चल दी और इधर मास्टरनी जी का यह हाल। कुछ लोगों ने चेहरे पर पानी के छींटे मारे। नर्सें भागी-भागी आई। अंदर बेड में उसे लिटाया गया। फटाफट ग्लूकोज चढ़ा और ऑक्सीजन मास्क भी लगा दिया गया। काफी प्रयत्नों के बाद सरोज ने आँखें खोलीं। पर

कोई हलचल नहीं। लगा जैसे आँखें पलक झपकना भूल गई। एकटक कमरे की छत पर टिकी भावहीन, संज्ञाशून्य। फिर पागलों की तरह बड़बड़ाने लगी–

"नहीं डॉक्टर साहब नहीं, ऐसा अनर्थ नहीं हो सकता। दुनिया का भगवान से भरोसा उठ जाएगा। दीन–ईमान, धरम–करम सब धरे रह जाएँगे। कह दो यह सब झूठ है। रानी को कुछ नहीं हुआ।" यह कहते–कहते उसने फिर आँखें मूँद लीं। सुबह हो गई। वह वैसी ही निढाल पड़ी रही।

आनंद सिंह को कुछ नहीं सूझ रहा था। बेटी खो दी। ऊपर से अब सरोज का यह हाल। कैसे करूँ घर फोन? क्या कहूँगा रानी की माँ से? यही कि गँवा दी तेरी बेटी! वह तो झट पूछती है, "कैसी है रानी? क्या कर रही है? मन लग रहा है कि नहीं, वह तो कभी बाहर रही भी नहीं? घर में ही नहीं निकलती थी, तो वहाँ कैसे जी रही होगी? रानी से मेरी बात करा दो।"

यह सुनकर तो वह मर ही जाएगी। वैसे ही शरीर में कुछ नहीं है इतना बड़ा सदमा कैसे झेलेगी?

और क्या बताऊँगा सरोज के घरवालों को? एक तो उनके घर में कलह करवा दी और ऊपर से आज ऐसा हो गया। दुर्भाग्यवश कहीं ऊँच–नीच हो गई तो? पति उसका पहले ही भड़के रहता था। पास ही स्टूल में बैठे आनंद सिंह इसी उधेड़बुन में गहरी सोच में पड़ गए।

हारे जुआरी से भी बदतर हालत हो गई थी उनकी। यह भी तो जुआ ही था। बड़ा जुआ। दाँव खेला था उन्होंने कि शायद बेटी की जिंदगी बदल जाए। पर उसकी तो जिन्दगी ही चली गई।

तेईस

असीम दुःख और अनिर्णय की स्थिति में हमारा अध्यात्म बड़ा संबल देता है। धरम धीर-धैर्य देता है। नियति, नसीव नैराश्य से उबारते हैं। जीवन का यही दर्शन आज आनंद सिंह को भी उठ खड़े होने की ताकत दे रहा था। बोले–

"भाग्य में यही लिखा था उस अभागिन के। हमने तो अपना धर्म पूरा निभाया। वही नहीं निभा पाई तो और किसी का क्या कसूर। नसीब में यही लिखा होगा उसके। इतनी ही उम्र दी होगी ऊपर वाले ने। इलाज तो एक बहाना था।" वह उठे और रानी की माँ को फोन पर यह दुःखद समाचार देने चल दिए। रास्ते भर अन्तर्द्वन्द्व चलता रहा–

जाने वाला तो चला गया। अब कहीं उसकी माँ भी सदमे में न चल दे। इसलिए एकदम नहीं बताऊँगा कि तेरी रानी

नहीं रही। कह दूँगा तबियत खराब है डॉक्टरों ने कोई बड़ा नुस्ख अन्दर निकाला है। कहते हैं कभी भी कोई अनहोनी हो सकती है। तो इलाज से क्या फायदा। इससे तो ऊपर वाला उसे उठा ले। यही सब सोचते हुए दिल मजबूत कर आनंद सिंह ने बिनगढ़ फोन मिलाया।

कहते हैं अजीज रिश्तों को किसी अनहोनी का खटका पहले ही हो जाता है। रानी की माँ को भी यह एहसास हो गया। इधर रानी ने दम तोड़ा और उधर वह नींद से छटपटाकर उठ बैठी। फिर सुबह तक नींद ही नहीं आई। यह क्या देखा मैंने!

रानी साक्षात सपने में आई थी। बोली–मम्मी मैं भगवान के पास जा रही हूँ। ठीक होकर दुबारा आऊँगी तुम्हारी बेटी बनकर। तुम बिल्कुल मत रोना। बस पापा का ख्याल रखना।

रानी की माँ को अब रानी के पिता की चिंता ज्यादा सताने लगी।

जब तक फोन नहीं आ गया, वह इसी घबराहट में घुलती रही। उसका मन बैठ सा गया, और किसी अनजानी आशंका से बुरी तरह भयभीत। जरूर कोई बुरी खबर होगी। वह फोन के इंतजार में बैठ गई। सुबह से ही उसने आज चाय भी नहीं पी। फोन की घंटी बजते ही उसने फोन उठा लिया। घबराहट में वह अभिवादन करना भी भूल गई।

"हाँ मैं बोल रहा हूँ, रानी का पापा।"

यह सुनकर उसने बड़ी राहत की साँस ली। अब कि रानी की तबियत पूछने के बजाय उसने झट कहा–"अपना ख्याल रखना, और बिलकुल परेशान मत होना, जो होनी है, उसे कौन टाल सकता है?"

रानी की माँ की यह बात सुनकर आनंद सिंह का बहुत बड़ा बोझ दिल से उतर गया। वह बोले–"तुम तो ठीक हो न! अपना खयाल रखना।"

"हाँ मैं ठीक हूँ। लेकिन तुम अपना ध्यान जरूर रखना।" रानी की माँ ने अपनी आशंका तो जाहिर कर दी, लेकिन उस भयावह सपने का जिक्र नहीं किया। कहीं वह भड़क न जाए, रानी के बारे में तो वह कुछ भी नहीं सुन सकते। इस डर से वह इस आशंका को दबा गई, लेकिन वह इतना जरूर समझ गई कि आज नहीं तो कल यह होना ही है। सुबह का देखा सपना कभी झूठा नहीं होता।

इधर मन मजबूत कर आनंद सिंह ने अगले दिन हकीकत बयां कर दी। उन्होंने बताया दिया–"रानी की माँ, हमारी रानी नहीं रही।" सुनते ही माँ का मन यह जानते हुए भी कि यह सब होना ही था, बुरी तरह छटपटा उठा। कुछ देर तक दोनों ओर से बिल्कुल खामोशी छाई रही। रानी की माँ ने किसी तरह अपने को संभालते हुए आनंद सिंह से अपना खयाल रखने को कहा। सूक्ष्म बातचीत के बाद फोन बन्दकर आनंद सिंह वापस सरोज के कमरे में आ गये। फिर अस्पताल की नर्स के माध्यम से सरोज के घर फोन करवा दिया, कि उसकी तबियत बहुत खराब है। सरोज के पति ने फोन उठाया और अस्पताल का नाम पता नोट कर लिया।

चौबीस

इंसान भी बड़ा अवसरवादी जीव है। जब मानव जीवन चाहिए होता है, तो परमार्थ का जाप कर प्रभु को रिझा लेता है और यह मिलते ही फिर परमार्थ छोड़िए, प्रभु को भी भूल जाता है। महास्वार्थी हो जाता है। बस अपने में ही मस्त। दुनियादारी से कोई मतलब नहीं। बस अपना काम बनता, भाड़ में जाए जनता। सरोज के पति का भी यही हाल था। उसने तो वह ठूँठ शहरी जीवन देखा था, जहाँ बगैर मतलब किसी को किसी से कोई लेना-देना ही नहीं होता। कोई संवेदना नहीं।

इसलिए पर पीड़ा, परसेवा बिल्कुल ही बेवकूफी लगती थी उसे। वह कहता भी, बकवास है ये सब। अपना घर तो देखा नहीं जाता, बाहर वालों का बयाना लिए फिरो। रानी का तो वह नाम सुनते ही भड़क उठता। उसे लगता सरोज ने बिला-वजह

ही अपने लिए परेशानी मोल ले ली है। इसलिए चंडीगढ़ से फोन आते ही वह फिर भिनभिनाने लगा।

माँ ने समझाया–"बेटा, देख के आ क्या बात है? लोग क्या कहेंगे? घर के खर्चे के लिए माँ-बेटे ने बहू को परदेश दौड़ा रखा है और आज तबियत खराब हो गई, तो पूछ भी नहीं रहे हैं। फिर वहाँ वह क्या घूमने गई है? अरे कभी दीन–दुःखियों की सेवा भी कर देनी चाहिए। दुआ मिलती है और फिर न मालूम किस रूप में कहाँ भगवान मिल जाएँ!

वैसे भी इनसान को अपना फर्ज जरूर निभाना चाहिए। ऊपर वाला सुखी जीवन, स्वास्थ्य और संपन्नता देता ही इसीलिए है कि यह औरों के भी काम आए। ये कर्ज है बेटा, जो फर्ज से ही निपटता है। मुझे भी पहले लगता था सरोज कहाँ बेकार के पचड़े में पड़ गई है। पर जिस दिन उस छोकरी रानी की शक्ल देखी, मुझे तो यकीन ही नहीं हुआ कि भगवान भी ऐसा अनर्थ कर सकता है।

बेटा ऐसों की सेवा नाथ सेवा से कम नहीं है। हमारी बहू गाँव–इलाके की और बहू–बेटियों जैसी थोड़ी है। वह पढ़ी–लिखी है। यह सब जानती समझती है। कोई पागल कुत्ते ने नहीं काट रखा उसे। घर–बार से वह इसलिए बेफिक्र है कि मैं हूँ यहाँ बच्चे देखने को, और तू है। फिर कौन सा वहाँ जीवन बिताना है उसे। अरे हमारे थोड़े–बहुत प्रयास से किसी की जिंदगी बन जाती है तो क्या बुरा है?

वह भी तो बेचारे कितनी जान छिड़कते हैं। न रहने की दिक्कत, न खाने–पीने न पकाने की। न कपड़े धोने पड़ते न बर्तन। झाड़ू–पोंछा भी गाँव वाले ही कर जाते हैं। मायके वालों की तरह ख्याल रखते हैं उसका। मैं गई थी तो टीका–पिठ्या किए बगैर आने ही नहीं दिया। अरे हमारा भी तो कुछ फर्ज

बनता है।''

सारा पारा उतार दिया उसने अपने बेटे का। झेंप मिटाते हुए बोला–''यह तो ठीक है पर अपना भी तो देखना चाहिए। अब देखो तबियत खराब हो गई। स्कूल का भी नागा ऊपर से । पढ़ाएगी ही नहीं तो कौन देगा वेतन! किसी ने कुछ शिकायत कर दी, तो फिर क्या होगा?''

''बेटा, पहाड़ में तो बगैर पढ़ाए, बगैर स्कूल जाए ही वेतन ले रहे हैं लोग। फिर वह तो मानव सेवा कर रही है। घर से दूर उन्हीं के बीच पड़ी है। तू नहीं समझेगा बेटा ये दर्द। क्यों कि तूने कभी यह देखा ही नहीं। सरोज ने यह देखा है। उसकी माँ एक बार घास-लकड़ी लाते पहाड़ से गिर गई, तो गाँव वालों ने ही बचाया उसे। पीठ में, कंधे पर, ढोकर ले गए उसे इलाज के लिए मीलों दूर शहर तक। तब तो गाड़ियाँ भी नहीं थी, बाप बाहर नौकरी में था। गाँव वालों ने ही सब कुछ देखा। वही बच्चों को खाना भी खिलाते। खुद मैंने बचपन में देखा है ये सब। तूने तो गाँव कभी देखा ही नहीं। चल मैं भी चलती हूँ तेरे साथ।'' वह बोली।

''नहीं माँ, मैं होकर आता हूँ। बच्चे भी तो हैं। इन्हें कौन देखेगा?''

सुबह तड़के ही वह चल दिया चंड़ीगढ़ के लिए। अगले दिन दोपहर तक गाड़ी में ही कट गया। स्टेशन पर उतरते ही उसने रिक्शा किया और सीधे उसी हॉस्पिटल पहुँचा, जो बताया गया था फोन पर। बाहर रिसेप्शन से पता लग गया। कमरा नं. 220। दरवाजा हल्का खुला था। उसने धीरे से खटखटाया और फिर अंदर हो लिया।

एक नर्स सरोज को अंदर ड्रिप चढ़ा रही थी। आनंद सिंह पास में ही स्टूल पर बैठे थे। सरोज के पति को देखते ही वह

खड़े हो गए। हाथ जोड़कर बोले–''जवांई जी, आपको भी परेशान कर दिया। इसने तो कुछ खाया ही नहीं तीन-चार रोज से। पता नहीं अचानक क्या हो गया? अभी डॉक्टर बेहोशी का इंजेक्शन लगा गए हैं। नहीं तो बड़बड़ाने लगती है। पता नहीं ऊपर वाला भी कौन सा इम्तहान ले रहा है।'' कहते-कहते उनकी आँखें भर आई। ''हे भगवान, अब और परीक्षा मत ले। कितनी सजा देगा और इस पापी को। मुझे मार ही क्यों नहीं देता। तू मुझे उठा ले, पर इस बेचारी को ठीक कर दे।''

''क्यों ऐसी बात करते हो, भाई साहब। सरोज ठीक हो जाएगी।'' पहली बार सरोज का पति इतना भावुक था। उसने कभी इतने सीधे सरल लोग देखे ही नहीं। गैर औरत के लिए भी एक बाप जैसी पीड़ा। वह कुछ देर उनको मुग्ध होकर निहारता रहा, फिर धीरे से बोला–''रानी बिटिया कैसी है!''

आनंद सिंह के जैसे रिसते फोड़े पर हाथ पड़ गया हो। आँखों से अश्रुधार फूट पड़े। किसी तरह ताकत बटोरकर वह धीरे से फुसफुसाए–''बेटा वह नहीं रही। तभी तो इसके ये हाल हो गए हैं। उसका तो रहना भी न रहने जैसा ही था। एक ही बार आँसू बहा लेंगे। जिंदगी भर अब रोना तो नहीं पड़ेगा। मन समझा लेंगे। लेकिन इसे कुछ हो गया तो कहाँ मुँह दिखाऊँगा! भगवान बस अब इसे ठीक कर दे। छोटे बच्चे हैं उन्हें कौन देखेगा? हमारी तो उम्र कट गई है और फिर कोई है भी नहीं जो पीछे रोए।''

आत्मग्लानि से जैसे जमीन में गढ़ गया सरोज का पति। खुद को धिक्कारने लगा–''अरे कभी मिलने नहीं आया, कभी हालचाल नहीं पूछा। तो कम से कम रानी बेटी की मौत पर तो आ जाता। पर मुझे तो ये भी नहीं मालूम कि वह तो रही ही नहीं। क्या सोच रहे होंगे ये? फिर झेंप मिटाते हुए बोला–''बीच

में इधर-उधर दौड़भाग रही। घर से संपर्क भी नहीं रहा। वरना यह तो पता ही लग जाता कि ऐसी अनहोनी हो गई।''

वह आगे कुछ बोलता, आनंद सिंह उसके मन की पीड़ा भाँप गए। बोले-''सरोज तो थी ही यहाँ तुम्हारी जगह, जवांई जी। जैसे मैं था अपनी रानी की माँ की जगह। आखिर घर भी तो देखना है। सब यहीं रह जाते, तो वहाँ घरबार कौन देखता। फिर बच्चे भी तो हैं घर में।''

पच्चीस

पढ़े-लिखे और शहरी बाबू होने का सारा गुमान बिला गया सरोज के पति का। उसे लगा कितना बौना है वह उनके आगे। कितना निरीह। जिन्हें वह गँवार और निहायत हल्के मनखी समझता था। सरोज को न जाने क्या-क्या उलाहना देता था, वे आज कितने भारी भरकम लग रहे थे। कितने संस्कारित, स्नेहिल और साँसारिक। एक वह था, बस अपने घर परिवार में ही सिमटा। किसी के लिए कुछ करना तो दूर, अच्छी सोच तक नहीं पैदा कर पाया। उसे पहली बार लगा, आदमी का घर-परिवार से ऊपर समाज के लिए भी कुछ फर्ज होता है और इसका कर्ज, फर्ज निर्वहन पर ही उतरता है।

पूरे चार दिन हो गए थे सरोज को हॉस्पिटल में। अब

थोड़ा उसकी हालत में सुधार था। उसने आँखें खोली तो उसके पति ने प्यार भरी मुस्कान बिखेरते हुए पूछा–

"कैसी हा?" सरोज ने बस आँखें झपकाते हुए मूक जवाब दिया–"ठीक हूँ।"

आनंद सिंह ने उसके सिर पर हाथ फेरा और बोले–"भुली, भगवान तुझे जल्दी ठीक कर दे।" आज उसने थोड़ा जूस भी पिया। शाम को दाल के साथ दो फुल्के भी खाए ।

चण्डीगढ़ के इस भ्रमण और आनंद सिंह के सानिध्य ने बिलकुल ही बदल दिया था सरोज के पति को। ठीक वैसे ही जैसे उसकी माँ को बिनगढ़ प्रवास ने। उसे लगा, कितनी महान है सरोज और कितना खुशनसीब है वह जिसे ऐसी जीवन संगिनी मिली। उसका तो जैसे हृदय परिवर्तन ही हो गया। खूब सेवा में लगा रहता वह उसकी।

काफी बेहतर थी अब सरोज। लिहाजा डॉक्टरों ने उसे डिस्चार्ज करने का मन बना लिया। लेकिन उसके पति को सख्त हिदायत दी गई–"इन्हें कोई भावनात्मक ठेस न पहुँचे। सदमे से उबरने में अभी दो एक महीने का समय लग सकता है। जरा भी लापरवाही हुई तो वह भी विक्षिप्त हो सकती है।" जाते-जाते डॉ. दुग्गल ने सरोज को शुभकामना दी।

अस्पताल से डिस्चार्ज होकर घर पहुँच गई सरोज। आनंद सिंह भी साथ ही आए । हालांकि सरोज के पति ने उन्हें मना भी किया और घर जाकर पत्नी की सुध लेने को कहा। पर वह नहीं माने। बोले–"सरोज बिटिया को घर छोड़कर चला जाऊँगा। घर-गाँव में हैं देखने-समझाने वाले। औरतें तो सब घर में ही पड़ी होंगी।" सच पूछो तो रानी के बिना आनंद सिंह की घर जाने की हिम्मत ही नहीं हो रही थी।

इधर रानी की माँ गंभीर चिन्ता में थी, दो दिन से फोन

भी नहीं किया था आनन्द सिंह ने पत्नी को। पता नहीं किस हालत में होंगे? मैं तो फिर भी जी लूँगी, वह तो रानी के बिना एक पल भी नहीं जी सकती। जरा रानी को लेकर कोई कुछ कह देता, तो वह भड़क उठते। कभी तो गुस्से में खाना भी नहीं खाते। एक बार रानी की माँ ने भी कह दिया, ऐसी बच्ची से तो न होती तो ठीक था। मर भी नहीं गई। तो वह दो दिन तक उससे बोले तक नहीं। अब क्या कर रहे होंगे? उनके लिए तो रानी जैसे प्राण ही थी उनकी।

दिनभर आँखें दूर पगडंडी पर टिकी रहती। बीच-बीच में भर आती आँखों को वह अपने आँचल के कोने से पोंछती जाती। यहाँ तो इतने लोग हैं साथ में, पर उन्हें तो वहाँ कोई पानी पूछने वाला भी नहीं। सरोज सँभालती तो वह बेचारी खुद अस्पताल में पड़ी है। पता नहीं उसके भी क्या हाल हैं?

इधर मातम पसरा पड़ा था बिनगढ़ में। आनंद सिंह को लगा जैसे लोग तो दूर आज फूल, पत्ते, पेड़-पक्षी भी पथराए से हैं। किसी ने खबर की आ गए रानी के पापा। रास्ते में जो भी उन्हें देखता रो पड़ता। रानी की माँ तो देखते ही दहाड़ मारकर रो पड़ी। "कहाँ छोड़ आए मेरी रानी को, रानी के पापा! तुम कह रहे थे उसको सुंदर बनाकर लाऊँगा। पर उसे वहीं छोड़ आए।

पूरे गाँव में बहुत देर तक कोहराम मचा रहा। आनन्द सिंह किसी तरह पत्नी को दिलासा देते हुए शान्त करवा पाए।

छब्बीस

हीरे की कीमत जौहरी ही जानता है। रामप्रकाश जी की पारखी नजरों ने सरोज के भीतर के मानव सेवी मन को उसी दिन पढ़ लिया, जब वह रानी के लिए मदद माँगने आई थी। एक माँ को ही अपनी औलाद के लिए हो सकती है ऐसी तड़प। वह उसके जज्बे के मुरीद हो गए थे। ऐसा जुनून तो खुद उसमें नहीं है, जिसने तमाम तमगे जीत रखे हैं, और जो अपना सारा जीवन ही लोगों के लिए समर्पित कर देने का श्रेय लिए फिर रहे हैं। वह खुद से बोले फिर एक पल के लिए उन्होंने अपनी आँखें मूँद लीं। जैसे भगवान का शुक्रिया अदा कर रहे हों।

अजब है तेरी माया। जब देता है, तो बैठे बिठाए दे जाता है। कहाँ-कहाँ नहीं भटका मैं। पर तू नहीं पसीजा और आज घर पर ही ले आया। उन्हें ऐसे ही उत्तराधिकारी की जरूरत

थी। शरीर जितना बूढ़ा हो रहा था, लोगों की सेवा का जज्बा उतना ही जवान। कैसे संस्था चलेगी, कौन चलाएगा इसे मेरे बाद? इसी त्याग तपस्या और समर्पण से चलाएगा भी कि नहीं। उन्हें ये चिंता खाए जा रही थी।

पर उस दिन तो उन्होंने सरोज को कुछ नहीं बताया लेकिन उसी खुशी में उन्होंने रानी के इलाज के लिए तुरंत ही पैसा दिलवा दिया था। आज वह यही बताने आए थे। अपनी जिम्मेदारी और फर्ज का कर्ज सरोज को सौंपने कि तू उतारना अब इसे आगे।

वह तीन-चार लोगों के साथ आनंद सिंह के घर आ पहुँचे।

''आनंद सिंह जी का घर यही है क्या?'' उनमें से एक ने पूछा।

''हाँ यही है।'' बाहर आँगन में ही खड़ी आनंद सिंह की पत्नी ने सकुचाते हुए जवाब दिया। दुख की मारी वह थी ही पर अब न जाने क्या आफत आ गई। उसका दिल धक-धक करने लगा। ''बुलाती हूँ,'' कहकर वह अंदर चली गई।

घर में अचानक चार लोगों के आ धमकने से आनंद सिंह भी सकपका गए। खैर नमस्ते करते ही एक बुजुर्ग बोले–''आनंद सिंह जी आप ही हैं!'' एक बुजुर्ग ने पूछा।

''हाँ जी मैं ही हूँ।'' आनंद सिंह ने झिझकते हुए जवाब दिया।

''देखिए हम लोग नवजीवन संस्था से आए हैं। आप हैं रामप्रकाश जी, हमारे अध्यक्ष।'' साथ आए व्यक्ति ने उनका परिचय दिया।

''आइए बैठिए'' कहकर आनंद सिंह ने दरी बिछाई। लेकिन मन ही मन वह बड़े घबराए से थे। समझ गए कि ये उसी संस्था के लोग हैं जिन्होंने रानी के इलाज के लिए पैसा दिया

था। अब जरूर अपना पैसा माँगने आए होंगे। पसीने की बूँदें उभर आई उनके माथे पर।

''देखिए हम लोग आपसे एक विनती करने आए हैं।'' रामप्रकाश जी ने बात आगे बढ़ाई ही थी, कि आनंद सिंह बीच में ही बोल पड़े–

''हाँ जी मुझे मालूम है। आपने रानी के इलाज के लिए पैसा...'' वह बात पूरी भी नहीं कर पाए थे कि रामप्रकाश जी ने तुरंत ही बात काटी–''हमें भारी अफसोस है कि हम बिटिया के काम नहीं आ पाए। शायद ऊपर वाले को यही मंजूर होगा। हम आप क्या कर सकते हैं? फिर आपकी तो औलाद ही थी। इससे बड़ा दु:ख और क्या हो सकता है! पर धीरज धरो। जो उसके लिए नहीं कर पाए, औरों के लिए करेंगे। उसकी मृत आत्मा को भी शान्ति मिलेगी। हम आपसे पैसे माँगने नहीं आए हैं बल्कि आपकी मदद लेने आए हैं।''

''मदद ! मुझसे!'' सकपकाए आनंद सिह ने हैरानी में सवाल किया।

''जी आपसे। आप जानते ही हैं हमारी संस्था गरीब निराश्रितों की सेवा करती है। रानी बिटिया की ही तरह और तमाम बच्चों की जिंदगी सँवारने की सतत साधना में लगी है। हम चाहते हैं ये काम और अच्छा हो इसके लिए सरोज बहन को इससे जोड़ना चाहते हैं। उनसे बेहतर काम करने वाला कौन हो सकता है? फिर वह आपकी बात नहीं टालेंगी। आप प्लीज यह काम करवा दीजिए। यह हमारा सबका काम है। हम उनसे बहुत विनती कर चुके हैं, पर वह टस से मस नहीं हुई। वह रानी की मौत से भारी सदमे में है। आप और आपकी श्रीमती जी उनसे कहेंगी, तो शायद मान जाए।''

बात आनंद सिंह की समझ में आ गई। वह रानी की माँ

से बात करने को जैसे ही मुड़े, वह थाली में चाय के गिलास लिए पीछे खड़ी थी। चाय उन्हें थमाकर वह पत्नी के साथ अन्दर चले गए और सारी बात उन्होंने उसे समझाई। वह तुरंत सहमत हो गई। बोली–"मैं मनाऊँगी उसे। इसी बहाने सरोज का मन भी लगा रहेगा।" कुछ ही देर में वह पति के साथ सरोज के घर चली आई।

सरोज का पति बाहर आँगन में कुर्सी डाले बैठा था, जबकि पास ही बच्चे उछल-कूद में मस्त थे। दूर से कुछ लोगों को घर की ओर आते देख वह घबरा गया। साथ में आनंद सिंह और राम प्रकाश जी को देखकर उसे लगा कि रानी की मौत को लेकर वह कहीं कुछ बवाल करने तो नहीं आ रहे हैं! वह मन ही मन बुदबुदाने लगा–"मैं पहले ही कहता था, अरे किसी के पचड़े में मत पड़ो। कभी ऐसा फंसोगी कि दिन में ही तारे नजर आने लगेंगे। साथ ही घरवालों के लिए भी मुश्किल खड़ी कर दोगी। अब देख लिया न! पता नहीं अब और क्या होने वाला है?" वह इसी उधेड़बुन में था कि इतनी देर में वे लोग पास आ पहुँचे।

आनंद सिंह ने दूर से ही अभिवादन करते हुए पूछा–

"जवांई जी, कैसी है भुली की तबियत अब?" आनन्द सिंह के अपनत्व भरे कुशलक्षेम से थोड़ी राहत ली, सरोज के पति ने।

"ज़ी वैसी ही है, कोई खास फर्क नहीं। आइए अंदर आइए।"

यह कहकर वह उन्हें अंदर ले गया।

आनंद सिंह और उनकी पत्नी को सामने देख सरोज फूट-फूटकर रो पड़ी। आनंद सिंह की पत्नी ने दुलारते हुए उसे बाँहों में भर लिया। कुछ देर तक दोनों रोते ही रहे। फिर सिसकते हुए सरोज बोली–"मैं मुँह दिखाने लायक ही नहीं हूँ भाभी जी। मैंने तुम्हारी रानी छीन ली। तुम्हें बेऔलाद कर

दिया। हत्यारिन हूँ मैं हत्यारिन। मुझे मौत भी नहीं आती। मेरे लिए आज भगवान भी मर गया।'' वह फिर जोर से रोने लगी।

''तू औरत रूप में देवी है बहना देवी। तू तो उसे नया जीवन देने में लगी थी, उसकी किस्मत में ही नहीं था तो हम क्या करें। अब आगे देख आगे।''

बच्चे हैं उनको देख, स्कूल के बच्चों को देख। तू तो भाग्यवान है। इतने बच्चे हैं तेरे। इस अभागिन की तो एक ही औलाद थी और वह भी छीन ली ईश्वर ने। मैं फिर भी खड़ी हूँ।''

आनंद सिंह ने भी ढाढस बँधाया–''भुली ठीक ही तो कह रही है रानी की माँ। तू तो पढ़ी-लिखी है, मास्टरनी है। रानी नहीं रही तो क्या और बच्चे नहीं हैं! उनकी भी तो जिम्मेदारी तेरी ही है। उसे कौन पूरी करेगा? तू ही हिम्मत हार देगी, तो हम गंवार अनपढ़ों का क्या होगा।

तुझ पर तो दुनिया की आस टिकी है। रामप्रकाश जी आए हैं। इनकी मदद भी तुझे ही करनी है। संस्था के सहारे हम रानी जैसे ही तमाम और बच्चों की सेवा कर सकते हैं। उनका जीवन सुधार सकते हैं। और इससे रानी की अतृप्त आत्मा को भी तृप्ति मिलेगी। यही इन्सान का धर्म है। उसका फर्ज है।

किसी दीन दुखियारे को, किसी गरीब जरूरत मंद को मदद कर हम अहसान नहीं करते, अपना फर्ज अदा करते हैं। और इस फर्ज का कर्ज सबको अदा करना होता है। यही मानव योनि का मूल मंत्र है और यही उसे सारे प्राणी जगत में सबसे ऊँचे पद पर आसीन करता है।''

आनन्द सिंह समझाये जा रहे थे कि अचानक फोन की घण्टी बजी और भागकर सरोज के पति ने रिसीवर उठाया, उधर से आवाज आई–''मैं चंडीगढ़ से डॉक्टर दुग्गल बोल रहा हूँ, क्या सरोज जी से बात हो सकती है!''

''हाँ-हाँ क्यूँ नहीं,'' सरोज के पति ने फोन हाथ में उठाया

और लिपटा तार सीधा कर रिसीवर सरोज के हाथों में थमाते हुए बोला–''डॉ. दुग्गल का फोन है चंडीगढ़ से।''

पूरे कमरे में सन्नाटा छा गया। डॉक्टर दुग्गल ने कुशलक्षेम पूछी और जल्दी ही सदमे से उभर कर काम में जुटने की दुआ की। उसे हिम्मत बँधाई और कहा–''आगे बढ़ो, दुनिया में और भी बच्चे हैं जिन्हें तुम्हारे स्नेह, तुम्हारी सेवा की आवश्यकता है।''

फिर उन्होंने रानी से सम्बन्धित एक जरूरी टेप का हवाला देते हुए उसे ध्यान से सुनने का आग्रह किया।

यह रानी की आवाज थी। बुखार में बड़बड़ाती वह डॉक्टर दुग्गल से अनुरोध कर रही थी–

''डॉक्टर साहब, मेरे पापा–मम्मी और मास्टरनी जी से कहना मुझे माफ कर दें। मैं उन्हें छोड़कर जा रही हूँ। लेकिन जल्द ही लौटूँगी खूब सुन्दर बनकर। फिर कभी नहीं रोयेंगे वह। उनके दु:खों का पहाड़ पाटकर खुशियों का समन्दर लौटा लाऊँगी। उनके फर्ज का कर्ज है मुझ पर। पर यह रास्ता उन्हें ही खोलना है। मुझ जैसे अभागों का भाग्य खोलकर। उनके जीवन की बगिया महकाकर। ताकि कुलांचे भरने की उम्र में उनके अरमानों को लकवा न मार जाए। उनका यह फर्ज दुखियारों की दुआ बनकर जल्द ही मुझे लौटा लायेगा।''

जिसे सुनकर सरोज की डबडबाई निस्तेज आँखों में चमक लौट आई। उसने गहरी साँस भरते हुए कहाँ–''हाँ रानी बिटिया, मैं लाऊँगी तुझे जल्द ही लौटाकर।''

उसी पल बिस्तर छोड़कर उठ खड़ी हुई सरोज। पड़ाव छोड़कर मंजिल की ओर, अपने अधूरे मिशन को पूर्ण करने के लिए...।

●●●